国际学生创新创业理论与实务

夏芳芳　主编

张春明　王沛凯　陈　圣　副主编

浙江工商大学 出版社

ZHEJIANG GONGSHANG UNIVERSITY PRESS

·杭州·

图书在版编目（CIP）数据

　　国际学生创新创业理论与实务 / 夏芳芳主编；张春明，王沛凯，陈圣副主编. -- 杭州：浙江工商大学出版社，2024.10. -- ISBN 978-7-5178-6194-2

　　Ⅰ. G648.9

中国国家版本馆 CIP 数据核字第 2024HR2434 号

国际学生创新创业理论与实务

GUOJI XUESHENG CHUANGXIN CHUANGYE LILUN YU SHIWU

夏芳芳　主编

张春明　王沛凯　陈　圣　副主编

责任编辑	唐　红
责任校对	杨　戈
封面设计	朱嘉怡
责任印制	祝希茜
出版发行	浙江工商大学出版社
	（杭州市教工路 198 号　邮政编码 310012）
	（E-mail：zjgsupress@163.com）
	（网址：http://www.zjgsupress.com）
	电话：0571-88904980，88831806（传真）
排　　版	杭州朝曦图文设计有限公司
印　　刷	杭州高腾印务有限公司
开　　本	710mm×1000mm　1/16
印　　张	16
字　　数	250 千
版 印 次	2024 年 10 月第 1 版　2024 年 10 月第 1 次印刷
书　　号	ISBN 978-7-5178-6194-2
定　　价	56.00 元

前 言 | Preface

在当今全球化的背景下,创新创业已经成为推动经济增长和社会发展的重要引擎。

高校作为各国之间经济、文化等交流的重要纽带,在新时代背景下必须勇担重任、不负使命,在推动构建人类命运共同体的伟大事业中发挥积极作用。随着中国综合实力的不断增强,很多国际学生也来到中国学习并寻找创业机会。如今,各省市相继出台优秀外籍人员的创新创业优待政策;各大企业不断挖掘"一带一路"共建国家和地区的国际学生的潜力;各高校加强国际学生的创新创业教育,制订针对性的人才培养计划,组建国际学生创新创业学生社团,建立国际学生实习实践基地。高校国际学生的创新创业教育呈现出向上向好的发展势头。

随着全球经济一体化的加深,国际学生在不同国家间的流动和交流日益频繁,他们不仅需要具备跨文化交流和合作的能力,更需要具备创新创业的素养,以适应未来多元化的职业发展需求。因此,编写这本教材旨在帮助国际学生深入了解创新创业的理论基础和实践技能,提升他们的竞争力和创造力。

本教材将结合宏观经济背景和地域经济发展实际,从全球化视角出发,探讨创新创业在不同文化背景下的异同,引导国际学生理解全球市场的机遇和挑战。同时,通过创业案例分析、实地考察和团队合作等教学方式,激发学生的创新潜能,提高他们团队合作和解决问题的能力,培养他们成为具有国际视野和创新思维的未来领袖。

全书分为八章,各章内容简述如下:

第一章 涵盖全球创业意义、创业精神、跨文化沟通、创新思维、国际创客创业成功案例等内容。

第二章 阐释创业机会的来源与识别方法,通过国际市场中的创业成败案例分析创业过程中可能面临的风险与挑战。

第三章 分析创业者的特质和素质,讨论构建强大创业团队的重要性,引导国际学生了解跨文化团队合作的挑战和机遇,并学习成功的团队协作技巧。

第四章 重点介绍商业模式的概念和重要性,帮助国际学生了解如何设计具有竞争优势的商业模式。

第五章 分析创业所需的各种资源,探讨如何获取和整合不同类型的资源。

第六章 介绍商业计划书的重要性和结构,指导学生撰写一个全面且具有说服力的商业计划书并展示商业计划书。

第七章 从新企业创建的关键步骤和挑战入手,帮助国际学生了解如何从创意到实际创业的过程,探讨在国际市场中新企业生存的策略和管理技巧。

第八章 阐述人工智能技术在创新创业领域中的应用和影响,讨论人工智能与其他技术(如大数据、物联网等)的结合,探索新的商业机会、创新模式及了解人工智能带来的挑战。

本书的主要特色有:

1. 以创业案例引导的编写方式为特色,易于激发读者的兴趣

每章开头都精心选取一个与主要知识点相关的引导案例,多为国际创客创业案例,引发读者的好奇心和学习热情。为了增强可读性,本书还广泛收录全球范围内的创业案例,涉及不同国家和文化背景的成功创业者故事,帮助读者拓宽视野,了解全球创业动态,激发跨文化创业的兴趣和灵感。

2. 借鉴并融入国内外创新创业研究成果,以实践为导向培养学生的创业素养

本书融入国内外创新创业的研究成果,并注重实践性学习,通过案例分析和实例讲解,引导学生将理论知识应用到实际创业情境中,培养解决问题和创新思维能力,提升实际创业操作技能。

3. 注重跨学科知识融合,培养学生的综合素养

教材融合了商业管理、创新技术、国际市场等多学科知识,旨在帮助学生在创业过程中不仅能够熟悉商业管理的基本原理和实践技能,还能够深入了解创新技术的应用和国际市场的运作机制。以这种综合性的学习为学生未来的创业实践奠定坚实的基础,使其能够更好地应对不断变化的商业环境和挑战。

4. 有配套的课程资源,方便学生自学和教师教学

为了加深学生对于主要知识点的理解,本书每章都配有"微课堂"视频、课件 PPT 和若干视野拓展阅读或练习。

本书在编写过程中还吸收了浙江省高等学校国内访问学者教师专业发展项目、访问工程师校企合作项目"地方院校国际学生创新创业教育的现状及优化路径研究"(课题编号:FG2021198)的研究成果。

本书由夏芳芳担任主编,张春明、王沛凯、陈圣(浙江思凯企业管理咨询有限公司创始人)担任副主编。衷心感谢浙江思凯企业管理咨询有限公司在国际学生在华创业政策解析与国际创客案例等方面提供的支持和帮助! 教材在编写过程中还参考了相关文献,在此对相关作者一并表示感谢。

本书在编写过程中,难免会有疏漏和不妥之处,恳请不吝赐教!

编者

2024 年 3 月

目　录 | Contents

第一章　创业、创业精神与创新思维　　001

第一节　创业概述　　003

第二节　创业精神的本质　　012

第三节　创新思维　　015

第二章　创业机会与风险　　039

第一节　创业机会的含义与来源　　040

第二节　创业机会的发现与评估　　049

第三节　创业风险的识别　　055

第三章　创业者与创业团队　　061

第一节　创业者的动机、素质与能力　　062

第二节　创业团队的建设　　072

第三节　创业团队的管理与激励　　081

第四章　商业模式设计　　093

第一节　商业模式概述　　094

第二节　商业模式的设计方法　　104

第三节　商业模式的创新与发展　　109

第五章　创业资源的获取与整合　116

　第一节　创业资源概述　117

　第二节　创业资源的获取　126

　第三节　创业资源的整合　130

第六章　商业计划书的撰写与展示　137

　第一节　商业计划书概述　138

　第二节　商业计划书的撰写内容及要求　144

　第三节　商业计划书的展示　161

第七章　外国人在华创办企业与生存管理　167

　第一节　外国人在华创办企业　168

　第二节　新企业的生存管理　177

第八章　"人工智能＋"与创新创业　192

　第一节　人工智能在创新创业中的应用　193

　第二节　人工智能对创新创业模式的影响　202

　第三节　人工智能带来的挑战与机遇　207

附录一　浙江省外国人来华工作许可服务指南

212

附录二　公司登记（备案）申请书　　236

附录三　义乌市高校毕业生创业扶持相关政策

241

参考文献　　242

第一章　创业、创业精神与创新思维

 学习目标

1. 了解创业活动的含义、创业的基本类型。
2. 掌握创业的关键要素及创业的过程与阶段划分。
3. 了解创业精神的本质、要素与培养。
4. 熟悉创新思维的含义、训练及企业创新的分类。

案例导入

约旦商人穆罕奈德的中国梦

"在阿拉伯商人云集的义乌市,一位名叫穆罕奈德的约旦商人开了一家地道的阿拉伯餐馆。他把原汁原味的阿拉伯饮食文化带到了义乌,也在义乌的繁荣兴旺中收获了事业成功,最终同中国姑娘喜结连理,把根扎在了中国。一个普通阿拉伯青年人,把自己的人生梦想融入中国百姓追求幸福的中国梦中,执着奋斗,演绎了出彩人生,也诠释了中国梦和阿拉伯梦的完美结合。"习近平主席在中阿合作论坛第六届部长级会议开幕式上发表讲话,专门提到了这个普通阿拉伯青年在义乌努力创业、追求幸福的故事。

40岁的穆罕奈德,2000年来到中国,两年后与安徽姑娘刘芳相爱成婚,成为中国女婿,至今已在中国生活了20余年。如今,他的餐厅成了义乌街头一道独特的风景,甚至有外地市民特地赶到义乌,实地品尝阿拉伯美食。"从月薪两千元,到现在有房有车,还有餐厅生意非常好,是义乌实现了我的梦想。我和家人一辈子都不想离开义乌。"穆罕奈德说。穆罕奈德,精通阿拉伯文和英文,还会说一口流利的中文。2002年,听说在义乌的阿拉伯人很多,他离开叔叔开在广州的餐厅,和妻子刘芳一起来到义乌,起初每月只拿2000元的工资。两年后,他和妻子在义乌外商聚集的稠州北路一带,开了一家名为"花"的餐厅。他们为餐厅设计了一朵极具阿拉伯风格的白色花朵,将它镶嵌在门厅上方,这也成为餐厅揽客的招牌之一。

虽然来义乌的外商越来越多,但餐厅的生意也曾遭遇冷清。"2008年,正赶上全球金融危机,我们的餐厅经营也陷入了困境。"穆罕奈德说,他们夫妻俩不得不拿出多年积蓄填补亏损,事业一度停滞。为此,他们开了超市、理发店,做了很多尝试,还开了一家外贸公司。但餐厅始终是主业,他们重新装修了餐厅,设计了菜单,改良了菜品。夫妻俩想方设法招揽新客人,留住老客人。同心协力之下,餐厅度过了那段困难的日子,恢复了往日的红火。而"花"餐厅真正成为家喻户晓的"网红"店,还得从2014年6月5日说起。"那天,先是一个中国朋友打来电话说,恭喜我! 习近平主席在演讲时提到了我和我的餐厅。接下来,手机就响个不停,约旦、伊拉克、马来西亚等不同国家的朋友都来祝贺我。餐厅里还来了很多客人和记者。"穆罕奈德说。

朋友来电祝贺,顾客慕名而来,记者等着采访……这让穆罕奈德觉得难以置信:"我这么普通的一个人,习近平主席怎么会知道我?"直到有人拿来电脑,给他播放视频。穆罕奈德看了很多遍,"我有一点紧张,然后就是很开心。"作为义乌老牌阿拉伯餐厅,"花"餐厅在外商圈中名气不小。很多外商会固定来此吃饭,这里本就是外商聚会的一个好据点。"被习近平主席'点赞'后,客商越来越多,餐厅很多设施跟不上了,400多平方米的地方太小了。"穆罕奈德对自身的要求更高了。

2017年10月,穆罕奈德在离国际商贸城更近的繁华路段,租下了三层1000多平方米的新场地,精心设计装修后,于2018年3月重新营业,取名"贝迪"餐厅。"中文意思就是'我家',就像请客人到我家里吃饭一样,希望大家在餐厅有回家的感觉。"他说。新餐厅能同时容纳400人就餐,为了满足不同顾客的需求,还聘请了做意大利菜的土耳其厨师。由5个不同国家厨师组成的团队,每周都会推出新菜式,生意红火。穆罕奈德告诉记者,希望今后继续开加盟连锁店,让餐厅在北京、上海、杭州等城市扎下更多的"家"。

"大家合作,很多事情就不会那么难了。"穆罕奈德经常跟店里的客人说,在义乌,大家都是家人。这次餐厅"升级",他不再单干,而是与朋友合伙。他理解的生意不再只是个人的"老板梦",而是大家合作共赢。

高林,是餐厅的三大合伙人之一,也是穆罕奈德的约旦老乡,在义乌做工艺品生意多年,也成了中国女婿。正如高林所言,一个人做生意能力有限,如果大家资源共享、相互合作,就可能会有多出几倍的客人和生意。

（资料来源:搜狐新闻《穆罕奈德:在义乌见证"一带一路"共赢故事》,网址:https://www.sohu.com/a/258190833_463795）

第一节　创业概述

创业是一项对于每个国家经济发展至关重要的活动。它不仅可以带来更多的就业机会,促进创新,增强经济活力,还可以创造更多的社会价值。创业是财富的源泉,可以推动新事物的不断涌现,使创业者实现财富积累,也可以促进社会的进步和国家的繁荣。创业是一种充满挑战和机遇的旅程,它不仅是一种商业活动,更是一种创新和激情的体现。对于国际学生来说,在中国创业可能会面临不同的文化、市场和法律环境等情况,因此需要更深入地了解和准备。

一、创业的含义

创业是创业者对自己拥有的资源或通过努力对能够拥有的资源进行优化整合,从而创造出更大经济价值或社会价值的过程。

根据杰弗里·蒂蒙斯(Jeffry A. Timmons)所著的创业教育领域的经典教科书《创业学》(*New Venture Creation*)的定义:"创业是一种思考、推理和行动的方法,它不仅要受机会的制约,还要求创业者

视野拓展

杰弗里·蒂蒙斯

有完整缜密的实施方法和讲求高度平衡技巧的领导艺术。"[1]目前中国较为流行的是李志能、郁义鸿等人的定义"创业是一个发现和捕捉机会并由此创造出新颖的产品、服务或实现其潜在价值的过程"。[2]

创业有狭义和广义之分:狭义的创业是指"创办新企业的过程"。在这样的视角下,创业首先需要发现市场中潜在的商业机会,在此基础上创造出某一项具有创新性或新颖性的产品和服务,并努力将其转化为商业价值或社会价值。在具体的表现形式上,需要个人或创业团队合伙按照相关法律规范注册设立公司、经营企业、创造利润和价值。

广义的创业可以理解为"创造新事物的过程"。只要是创造新事物的行为都可以被认为是创业,既可以是创办一个新的企业,也可以是在企业内部的部门或岗位上进行"内部创业",还可以是建立公益性质的组织或机构。

二、创业者的基本类型

随着经济的发展,投身创业的人越来越多,创业者基本可以分成以下两种类型:

(一)机会型创业者

这类创业者是看到商机,主动寻找商机并抓住机会创业的人。他们通常具有敏锐的市场洞察力和创业眼光,能够发现和利用商机,追求商业成功和利润。这样的创业者往往有着以下特点:

(1)敏锐的市场洞察力:机会型创业者通常具有敏锐的市场观察力和商业洞察力,能够发现市场上的商机和潜在的利润点。

(2)乐于承担风险:他们通常愿意承担风险,敢于尝试新的商业模式和创新的产品或服务,追求商业成功和利润。

(3)富有创造力:机会型创业者通常富有创造力,能够创新并开发出新的商

---

① [美]杰弗里·蒂蒙斯,小斯蒂芬·斯皮内利.创业学[M].北京:人民邮电出版社,2018:23-24.

② 李志能,郁义鸿,罗伯特·D·希斯瑞克.创业学[M].上海:复旦大学出版社,2000:2-6.

业模式、产品或服务，以满足市场需求。

(二)需求型创业者

这类创业者是基于自身需求或者对某一领域有深刻了解，因此创业解决自身或他人需求的人。他们通常是出于对特定问题或领域的热爱和关注，希望通过创业来解决这些问题或满足需求。这一类型的创业者有着以下三个特点：

(1)对特定领域有深入了解。需求型创业者通常对某一领域有深入了解，对该领域的问题或需求有着敏锐的观察和理解。

(2)关注社会问题。他们通常关注社会问题或特定领域的需求，希望通过创业来解决这些问题，追求的是社会价值和影响力。

(3)热爱和关注特定领域。需求型创业者通常是出于对特定问题或领域的热爱和关注，希望通过创业来解决这些问题或满足需求，而非仅仅追求商业利润。

三、创业的关键要素：机会、团队与创业资源

创业是指发现某种信息、资源、机会或掌握某种技术，利用或借用相应的平台或载体，将其发现的信息、资源、机会或掌握的技术，以一定的方式转化或创造成更多的财富及价值，并实现某种追求或目标的过程。创业的基本要素包括机会、团队和创业资源。

(一)机会

机会是市场中具有无限发展潜力、未饱和的市场空间。机会是创业过程的核心，是创业者创业成功的重要机遇，它关系到新创企业的生存与发展。有人认为抓住机会就得有好的想法和点子。有想法有点子固然重要，但是并不是每个大胆的想法和新颖的点子都能转化为创业机会。许多创业者因为仅仅凭想法去创业而失败了，那么如何判断一个商业机会的好坏呢？《创业学》的作者杰

弗里·A.蒂蒙斯教授提出,好的商业机会有以下四个特征[①]:

(1)它很能吸引顾客。

(2)它能在你的商业环境中行得通。

(3)它必须在机会之窗存在的期间被实施。(注:机会之窗是指商业想法推广到市场上去所花的时间,若竞争者已经有了同样的思想,并已把产品推向市场,那么机会之窗也就关闭了。)

(4)你必须有资源(人、财、物、信息、时间)和技能才能创立业务。

【创业案例 1-1】

在珠海市前山明珠南路有一个袜子店。这个店只有10平方米,小小的面积,卖的是小小的袜子,但不是寻常的袜子,是市面上不太常见的品种——五趾袜。就是这样的一个小店,卖这样一个冷门商品,每个月带给店主的收益却超过万元,这让周围很多精明的商人都感到不可思议。

这个店的名字就叫"碧玉五趾袜子专卖店"。店主谭碧辉,原来是江西萍乡到珠海的一个打工妹。谭碧辉在珠海打了几年工,攒了一点钱,就想自己做生意。但是,做什么生意她却拿不定主意,问周围的朋友,也没有一个人拿得出一个好主意。在这种情况下,谭碧辉只好自己想办法。最后她看中了袜子专卖店,并且将

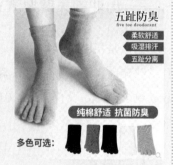

目标瞄准了那种能将脚指头分隔开来的五趾袜。这种袜子有一个好处,就是因为将脚趾分隔,使人不容易抠脚,犯脚气。广东那个地方温暖潮湿,患脚气病的人很多,这是一种迎合市场需求的产品,却因为不够时尚,同时没有人肯下力气去推广,以致在偌大的珠海想找一双五趾袜简直比登天还难。谭碧辉就看准了这样一个机会。

---

① [美]杰弗里·蒂蒙斯,小斯蒂芬·斯皮内利.创业学[M].北京:人民邮电出版社,2018:79-80.

谭碧辉的决定遭到了朋友们几乎一致的反对,他们的理由是:第一,从未听说过有什么袜子专营店;第二,像袜子这样一种薄利小商品,得卖多少双,才能将店钱赚回来?但是谭碧辉打定了主意,不为所动。她的店很快开张了,第一次就从浙江义乌进了1万双五趾袜,每双的进价在5~10元,这批货加上租赁店铺和装修的花费,不但用光了她所有的积蓄,还欠了一部分外债。然而,一开始生意却十分不景气,有些冷言冷语开始在谭碧辉耳边绕来绕去,什么"不听老人言,吃亏在眼前"之类,但谭碧辉坚持了下来。没想到第二个月,她就开始盈利了。虽然盈利不多,只有1500多元,但是却是一个好兆头。此后的经营虽然不时仍旧会有些磕绊,但总的来说比较顺利。现在,谭碧辉靠卖五趾袜,每个月可以稳定获得上万元的收入。对一个小本起家的创业者来说,这就是一笔了不得的收入了。现在谭碧辉的五趾袜已经进入了细节经营的阶段,冬夏天有冬夏天的袜子,春秋季有春秋季的袜子,质地、款式各有不同,深受消费者的欢迎。

(资料来源:学习啦官网,网址:https://www.xuexila.com/chuangye/gushi/805100_2.html)

(二)团队

"一个人可以走得很快,一群人才能走得很远。"一个人,脱离了团队,他的力量即使再无穷,也是有限的。而一个团队,却能够散发无限的力量。一个好的管理者,能够让羊群散发出狮群的战斗力。这就是团队管理的重要性,创业活动归根结底是人的活动。创业构想的提出、技术研发、财务管理、产品营销、售后服务等都离不开团队成员的合理分工与合作,有系统、有组织的团队协作是创业成功的关键因素之一。

【创业案例 1-2】

新东方教育科技集团由 1993 年 11 月 16 日成立的北京新东方学校发展壮大而来，作为中国教育培训领域的领头羊，公司业务包括外语培训、中小学基础教育、学前教育、在线教育、出国咨询、图书出版等各个领域。除新东方外，旗下还有优能中学教育、泡泡少儿教育、前途出国咨询、迅程在线教育、大愚文化出版、满天星亲子教育、同文高考复读等子品牌。公司于 2006 年在美国纽约证券交易所上市，是中国大陆第一家在美国上市的教育机构。

在新东方创办之前，北京已经有三四所同类学校。新东方能做到的，其他学校也能做到。就当时的大环境来说，中国出现了出国热潮，人们在工作、学习、晋升等方面对英语有着多样化需求，越来越多的优秀教师加入英语培训这个行业，如何先人一步，取得自己的竞争优势，把新东方做大做强，俞敏洪认识到英语培训行业必须具备一流的师资。

在俞敏洪眼中，这样的师资不仅要有过硬的专业知识和能力，更要和俞敏洪本人有共同的办学理念。他首先想到的是远在美国的王强、加拿大的徐小平等人，实际上这也是俞敏洪思考了很久所做的决定——这些人不仅符合业务扩展的要求，更重要的是这些人作为自己在北大时期的同学、好友，在思维上有着一定的共性，肯定比其他人能更好地理解并认同自己的办学理念，合作也会更坚固和长久。

这时他还遇到了一个和他有着共同梦想的惺惺相惜的朋友——杜子华，杜子华研究生毕业后游历了美国、法国和加拿大，凭着对外语的透彻领悟和灵活运用，在国外结交了许多朋友，也得到了不少让人羡慕的机会。1994 年在北京做培训的杜子华接到了俞敏洪的电话，几天后，两个同样钟爱教育并有着共同梦想的"教育家"会面了。谈话中，俞敏洪讲述了新东方的创业和发展、未来的构想、自己的理想、对人才的渴望……这次会面改变了杜子华单打独斗实现教育梦想的生活，杜子华决定在新东方实现自己的追求和梦想。

1995 年，俞敏洪来到加拿大温哥华，找到曾在北大共事的朋友徐小平。这时的徐小平已经来到温哥华 10 年之久，生活稳定而富足。俞敏洪不经意地讲述自己创办新东方的经历，文雅而富有激情的徐小平突然激动起来："俞敏洪，你真是创造了一个奇迹啊！就冲你那 1000 人的大课堂，我也要回国做点事！"

随后，俞敏洪又来到美国，找到当时已经进入贝尔实验室工作的同学王强。1990 年，王强凭借自己的教育背景，3 年就拿下了计算机硕士学位，并成功进入著名的贝尔实验室，可以说是留学生中成功的典型。白天王强陪着俞敏洪参观普林斯顿大学，让他震惊的是，只要碰上一个黑头发的中国留学生，竟都会向俞敏洪叫一声"俞老师"，这里可是世界著名的大学啊。王强后来谈到这件事时说自己当时很震惊，受到了很大的刺激，俞敏洪说，你不妨回来吧，回国做点自己想做的事情。

就这样，徐小平和王强都站在了新东方的讲台上。1997 年，俞敏洪的另一个同学包凡一也从加拿大赶回来加入了新东方，新东方就像一个磁场，凝聚起一个个年轻人的梦想。徐小平、王强、包凡一等人分别在出国咨询、基础英语、出版、网络等领域各尽所能，为新东方搭起了一条顺畅的产品链。徐小平开设的"美国签证哲学"课，把出国留学过程中一个大家关心的重要程序问题，上升到一种人生哲学的高度，让学员在会心一笑中思路大开；王强开创的"美语思维"训练法，突破了一对一的口语训练模式；杜子华的"电影视听培训法"已经成为中国外语教学培训极有影响力的教学方法。新东方的老师很多都根据自己教学中的经验和心得著书立说，并形成了自身独有的特色，让新东方成为一个有思想有创造力的地方。

俞敏洪的成功之处是为新东方组建了一支年轻又充满激情和智慧的团队，俞敏洪的温厚，王强的爽直，徐小平的激情，杜子华的洒脱，包凡一的稳重，五个人的鲜明个性让新东方总是处在一种不甘平庸的氛围当中。

（资料来源：原创力文档，网址 https://max.book118.com/html/2018/0311/156867367.shtm）

(三)创业资源

1. 创业资源的含义

创业资源是指在创业过程中投入的人力、物力和财力。创业者获取这些资源的最终目的是利用它们来追求创业机会,提高创业绩效并取得成功。不管是人力、物力还是财力,无论它们是否直接参与企业的生产,它们的存在都会对创业绩效产生积极的影响。也就是说,创业者需要充分利用各种资源来帮助自己的创业活动走向成功。

2. 如何整合创业资源

创业资源整合主要是看看创业者现在手头上有什么有价值的资源或是有能力得到什么样的资源,然后分析这些资源,从资源中找机会为自己所用。

【创业案例 1-3】

来自阿联酋的学生大卫(化名),自高中毕业就来到了中国留学,在中国已八年的他会一口标准的普通话,还与一位中国姑娘喜结连理。两个月后他就要毕业了,毕业后他打算开一家直播电商类公司,先主攻中国市场,后主攻国际市场。

资源整合的第一步:大卫详细分析了现有直播电商行业的发展趋势和自己目前的情况。

(1)直播电商在中国发展非常迅猛,但是国际直播电商市场还在起步阶段,未来大有可为。

(2)出身于经商世家,15 岁便开始跟着父亲一起做进出口生意,对经商有着独到的见解,也积累了许多经商经验。

(3)曾多次参加学校组织的直播电商企业活动对接,并通过专业的直播电商培训获得了由人社部颁发的电商直播职业证书。

(4)十几年前就开始玩 Facebook、Instagram 等社交媒体,现已有 100 多万粉丝。

（5）家人非常支持他创业，有一位从事外贸生意的中国妻子协助其创业。

资源整合的第二步：大卫分析自己（周围）有能力得到什么样的资源和自己的资源对接。

（1）在校期间曾多次参加省市校级创新创业比赛，获得过浙江省国际互联网＋创新创业大赛金奖，创业项目得到了义乌市相关部门、学校等肯定，学校的国际学生创客实践基地或创业园可提供项目孵化场所，节省一大笔创业场地的租赁费。

（2）在参与直播电商企业对接活动中，认识了很多志同道合的朋友，积累了不少人脉。其中包括会摄影剪辑和写文案的朋友，愿意一起合作，组成团队集中打造个人 IP。

（3）抖音官方地区负责人邀请他作为国际主播团队负责人，共同培育国际主播团队。

资源整合的第三步：组建直播团队，实现价值交换，获得盈利。

大三那年，利用课余时间，大卫就和志同道合的朋友们组建了创业小团队，开始拍抖音短视频。毕业后，大卫正式注册公司，创业团队也全身心投入短视频拍摄与直播活动，经过一段时间的努力，视频获得 20 万余次的点赞。其流利的中文和在镜头前的表现力吸引了本地一位服装厂经理的目光，并提出与其合作的想法。两人一拍即合，第一次共同直播就带来了很大的流量，当月直播成交额突破千万，大卫团队通过与他人合作，实现价值交换，赚得公司创办以来的第一桶金。

第二节　创业精神的本质

阅读材料

创业需要团结和分享

第一个故事发生在格陵兰。"在零下40摄氏度的气温里,总有一群狩猎者去捕猎海象,让人吃惊的是这些猎人之间的关系。他们会在一间小木屋里扎营,把海象肉分给伙伴、鬣狗和带回家中,但每一次他们都会留下一些肉,给下一次进驻的猎人。"

"懂得分享,在乎集体的成功,而绝不是独自拥有。"史提夫·温安洛(Steve Van Andel)道出创业精神的精髓,"只有分享成果,彼此扶持,团结在一起,才可以发挥出强大的力量。"

创业要勇于冒险

第二个故事是史提夫·温安洛的亲身经历。在史提夫·温安洛12岁那年,他的父亲带着一家6人到美国西部寻找机会。"当时坐的车是一辆质量为10吨,用铁皮打造的小巴。"史提夫·温安洛说。

在前进的路上,有一座摇摇欲坠的桥横跨陡峭的峡谷。"父亲是工程师,我们很信任他,但那座桥破旧得似乎能被一只停在上面的苍蝇压垮。父亲停下车,查看了一下地形,他将车倒退了100米,然后加足马力,全力以赴地飞越了那座破桥。我当时坐在父亲旁边,今天我能站在这里,就是想告诉大家我是达标的。"史提夫·温安洛风趣而自信地说,"创业是要冒险的,当然前提是盘算清楚,而一旦决定,就要加快速度,勇往直前。"

一、创业精神的含义

史提夫·温安洛先生是美国安利公司的董事会主席,他通过这两个故事告诉我们,创业需要团结协作,需要冒险。实际上这体现了创业精神高度综合的特性:创业精神是创新精神、拼搏精神、进取精神和合作精神等多种精神特质综合作用形成的。

创业需要冒险,创业精神就是将不可能变为可能,没有条件就自己创造条件,想前人之不敢想,做前人之不敢做。当然,创业精神具有鲜明的时代特征,当生存条件恶劣时,创业者需要将解决生存问题作为创业的领域,在满足物质和经济需求后,创业者就要勇于探索新领域,开创新企业。

二、创业精神的要素

(一)理想主义的情怀

理想主义情怀是指创业者要有对社会的改变和进步的追求,要有对自己事业的使命感和责任感。创业者要有对未来的美好愿景,要有信念和坚定的决心去实现自己的理想。而理想主义精神则是指创业者要有积极向上的心态,要乐观、勇敢、坚韧不拔,面对困难和挑战时不气馁,要有不畏艰难、敢于创新的精神。这些理想主义情怀和精神是创业者成功的重要基础,也是他们在创业过程中不断前行的动力和支撑。

(二)坚定的信念和坚持的精神

其实说到创业,不是一蹴而就的事情,你想成功就得有坚定的信念和坚持的精神,不坚持不会成功,甚至有时候你一直坚持也有可能不成功。创业的路上会遇到很多困难,如果在困难面前没有面对的勇气和坚定的信念,那么终将一事无成。

(三)笃定的精神

一个创业者一定要笃定,要知道自己前进的方向和努力的目标是什么,没有这一种精神,只会像一只无头苍蝇一样乱撞,到时候也是一事无成。

(四)大胆的精神

其实很多人都不够大胆,如果你是一个创业者,一定要具备大胆的精神,因为你的大胆可能就更好地抓住了机会,获得创业成功的可能性就更大了一些。

(五)诚信的精神

"民无信不立。"不管你做的是小生意还是大买卖,都要具备诚信精神,尤其是一个创业者,没有诚信你就无法立足于这个社会,更何况是竞争残酷的市场呢?

(六)合作的精神

这是一个团队合作、抱团取暖的时代。没有合作精神,就不会有团队,没有团队,单纯靠个人是无法完成创业的,必须具备合作的精神才能更好地创业。

视野拓展

三、创业精神的培养

创业精神是一种天赋,但也可以经过后天培养。企业家并非生来就与众不同,他们在没有运作大规模公司之前,可能有过

张一鸣的创业史

在街边售卖饮料、在车库里生产些小玩意儿等经历,他们正是借着这些经历逐步培养自己的经商技能。可见,某些商业技能是可以后天锻炼培养的。国际学生创客可通过模仿、历练、实践和培训等途径培养自己的创业精神。

(一)模仿

很多行业的创业先驱都是先通过模仿前人的经验,再加上自己的探索创新实现的。模仿是培养创业精神比较便捷的方法,良好人格的养成需要榜样的引导和激励。很多成功的创业者都有这样一种感受:他们的成功离不开一个或几个特定的人物,在他们的奋斗过程中,他们会时时按这个或这些重要人物的言行来要求自己、鞭策自己。从身边的创业成功者身上吸取经验,学习模仿他们的创业精神,可以让创业者更快成熟起来。

(二)历练

创业是艰辛的,创业环境中处处充满竞争和困难,培养创业精神较有效的方法是让创业者在真正的创业环境中进行历练。

人们往往是在巨大的压力下做出一番出色的事业,在创业环境中切身感受残酷的竞争,能够帮助创业者培养出坚韧不拔的创业品质,成为一个敢想、敢做的人。同时,在实际的创业环境中,可以感受创业团队的氛围,领略其他创业者的智慧和才能。

(三)实践

"实践出真知",良好的创业精神的形成重在实践经验的积累,积极地实践能带来及时的反馈和成就感,也能带来成功的喜悦。作为国际学生创业者,更应该真真切切地投入创业实践中,在校园内参与创业活动,如做校园代理或从事电子商务等,在从事这些小生意的过程中锻炼培养出合格的创业精神。只有通过创业实践,创业者才能在以后更加清晰地明确创业目标、制订创业计划,创业信念才会更加坚定,创业精神也才能更加强大。

第三节　创新思维

阅读材料

如何在 2 小时内用 5 美元赚到 100 美元?

如何在 2 小时内用 5 美元赚到 100 美元? 这听起来有些不靠谱,但在斯坦福大学的课堂上,Tina Seelig 教授做了这样一个小测试:她给了班上 14 个小组各 5 美元,作为启动基金。学生们有 4 天的时间去思考如何完成任务。他们一旦打开信封,就代表任务启动。每个队伍需要在两个小时之内,运用这 5 美元赚到尽量多的钱。在周日晚上他们需要将成果整理成文档发给教授,并在周一早上用3分钟时间在全班同学面前展示。虽然斯坦福的学生个个顶尖聪明，但对于涉世未深的学生来说，这仍然是个不小的难题。

为了完成这项任务，同学们必须最大化地利用他们所拥有的资源，也就是这5美元。如果是你，你会怎么完成这项挑战呢？

当教授在课堂上第一次向同学们提出这个问题的时候，底下传来了这样的回答："拿着这5美元去拉斯韦加斯赌一把！""拿这5美元去买彩票！"这样的答案无疑引来了全班同学的哄堂大笑。

这样做并不是不可行的，但是他们必须承担极大的风险，也几乎是不可能完成的。另外几个比较普遍的答案是先用初始基金5美元去买材料，然后帮别人洗车或者开个果汁摊。这些点子确实不错，赚点小钱是没问题的。不过有几组想到了打破常规的更好的办法，他们认真地对待这个挑战，考虑不同的可能性，创造尽可能多的价值。

他们是怎么做到的呢？其实最宝贵的资源并不是这5美元，挣到最多钱的几支队伍几乎都没有用上教授给的启动基金，也就是这5美元。

他们意识到：把眼光局限于这5美元会减少很多的可能性。

5美元基本上等于什么都没有，所以他们跳脱到这5美元之外，考虑了各种白手起家的可能性。

他们努力观察身边：有哪些人还没有被满足的需求。通过发现这些需求，并尝试去解决，前几名的队伍在两个小时之内赚到了超过600美元，5美元的平均回报率竟然达到了4000％！他们是怎么创造奇迹的呢？

创造奇迹的办法一：

有一支队伍发现了大学城里的一个常见问题：周六晚上某些热门的餐馆门口总是排着长队。这支队伍发现了一个商机，他们向餐馆提前预订了座位，然后在周六临近的时候将每个座位以最高20美元的价格出售给那些不想等待的顾客。

在那一晚，他们还观察到了一些有趣的现象：团队里的女学生比起男学生卖出了更多的座位，可能是女性更具有亲和力的原因。所以他们调整了方案，男学生负责联系餐馆预订座位，女学生负责去找客人卖出他们的这些座位的使用权。

他们还发现了当餐馆使用电子号码牌排队的时候，他们更容易卖出这家餐馆的座位，因为实物的交换让顾客花钱之后得到了有形的回报，让顾客感觉自己所花的钱物有所值。

创造奇迹的办法二：

另外一支队伍用的方法更加简单。他们在学生会旁边支了一个小摊，帮经过的同学测量他们的自行车轮胎气压。如果压力不足的话，可以花 1 美元在他们的摊点充气。

事实证明：这个点子虽然很简单但有可行性，同学们可以很方便地在附近的加油站免费充气，但大部分人都乐于在他们的摊点充气，而且对他们所提供的服务都表示了感谢。

不过，在摊子摆了一个小时之后，这组人调整了他们的赚钱方式，他们不再对充气服务收费，而在充气之后向同学们请求一些捐款。

就这样，收入一下子骤升了！这个团队和前面那个出售预订座位的团队一样，都是在实施的过程中洞察客户的需求，然后优化他们的方案，使收入得到了大幅提升。

这些团队的表现都很不错，班内其他同学对他们的展示也印象深刻。

不过赚了最多钱的那个团队才是真的厉害，他们真正把"创新思维"发挥到了极致。

创造奇迹的办法三：

这个团队认为他们最宝贵的资源既不是 5 美元，也不是两个小时的赚钱时间，而是他们周一课堂上的 3 分钟展示。

斯坦福大学作为一所世界名校，不仅学生挤破了头想进，公司也挤破头希望在里面招到人。这个团队把课上的 3 分钟卖给了一个公司，让他们打招聘广告。

就这样简简单单，3 分钟赚了 650 美元。他们发现：他们手头最有价值的资源既不是去售卖自己的时间，也不是去卖面子，而是售卖他们班上的同学——这些人才才是社会最需要的。

这种思维方式，就是现在人人都在追求的"创新思维"。

一、创新思维的含义及特征

(一)创新思维的含义

创新,在英文中是"Innovation",这个词语来自拉丁语,它包括三层含义:更新、创造新的东西及改变。创新的定义有很多,目前被大家引用比较多的是1912年美国(原籍奥地利)经济学家约瑟夫·熊彼特(Joseph Alois Schumpeter)在他的《经济发展理论》中提出的创新定义,他把"创新"引入经济领域,"创新"即把新的生产要素和生产条件重新组合后引入生产体系,即"建立一种新的生产函数",[①]其目的是获取潜在的利润。他从企业角度提出了"创新"的五个方面:

(1)采用一种新产品。

(2)引入一种新的生产方法。

(3)开辟一个新的市场。

(4)获得原材料或半成品的一种新的来源。

(5)实现任何一种工业的、新的组成形式。

思维是人类认知世界的一种复杂的精神活动,具有很强的主动性和主观性。创新来源于创新思维,创新思维是创新的前提。创新思维指以新颖独创的方法解决问题的思维过程,通过这种思维能突破常规思维的局限,以超常规甚至反常规的方法或视角去思考问题,提出与众不同的解决方案,从而产生新颖、独到、有实际意义的思维成果。

(二)创新思维的特征

创新思维具有以下六个特征:

1.联想性

联想是将表面看来互不相干的事物联系起来,从而达到创新的界域。联想

---

① (美)约瑟夫·熊彼特,经济发展理论[M],上海:立信会计出版社,2019.

性思维可以利用已有的经验创新,如我们常说的由此及彼、举一反三、触类旁通,也可以利用别人的发明或创造进行创新。创新者要积极寻求事物之间的对应关系,比如铅笔发明后,有人在铅笔的头部加上橡皮擦,就属于这一类创新。

阅读材料

　　元旦,某高校俱乐部前,一老妇守着两筐大苹果叫卖,因为天气寒冷,买苹果的人很少。一位教授看到了,上前与老妇商量几句后,便径直走到附近商店买来节日织花用的红彩带,并与老妇一起将苹果两个一扎,接着高叫道:"情侣苹果呦! 两元一对!"经过的情侣感觉用红彩带扎在一起的一对苹果看起来很有情趣,因而买的人越来越多。没过多久,苹果全卖光了,老妇感激不尽,那天赚了不少钱。

2. 求异性

　　创新思维在创新活动过程中,尤其在初期阶段,求异性特别明显。它要求关注客观事物的不同性与特殊性,关注现象与本质、形式与内容的不一致性。求异性是在实事求是的基础上,基于客观事实质疑或否定,例如,对企业的组织架构质疑、对企业技术的合理性提出改进意见,以及对产品包装、服务理念等与企业相关的环节提出不同的看法。

阅读材料

　　捉鱼前,爸爸叮嘱儿子:"捉鱼时不要弄出声响,否则鱼就会被吓得逃往深处,捉不到了。"儿子照做,果然他们满载而归。

　　一天儿子独自去捉鱼,竟然捉得更多。爸爸惊喜地问:"你是怎么捉的?"儿子说:"您不是说一有声响鱼就逃往深处吗? 我先在池塘中央挖了一个深坑,再向池塘四周扔石子。等到鱼逃进深坑之后,捉起来就容易多了,就像'瓮中捉鳖'"。

3. 发散性

　　发散性思维是一种开放性思维,其过程是从某一点出发,任意发散,既没有定方向,也没有定范围。它主张打开大门,张开思维之网,冲破一切禁锢,尽力接受更多的信息。

　　有个有钱的商人,每次外出都担心家中被盗,于是想买只大狗看门护院,但又觉得喂养狗很麻烦。想了很久,得出一个妙计:每次出门前就把家里的 Wi-Fi 密码取消了,然后回来时看到好几个人捧着手机蹲在门口附近,从此外出无忧。护院,不一定买狗,当今互联网时代,想要成功更是要打破传统思维。

4. 逆向性

微课堂

　　逆向性思维就是有意识从常规思维的反方向去思考问题的思维方法。如果把传统观念、常规经验、权威言论当作金科玉律,常常会阻碍我们创新思维活动的展开。

如何训练逆向思维

　　1945 年,德国有一位年轻人在街上叫卖:"卖收音机,卖收音机!"可由于当时的德国已禁止制造收音机,即使卖收音机也是违法的。原来,这位年轻人将组合收音机的所有零件全部准备好,一盒一盒以玩具卖出,让顾客动手组装。这一做法果然奏效,一年内卖掉了数十万组。

5. 综合性

　　综合性思维是把对事物各个侧面、部分和属性的认识统一为一个整体,从而把握事物的本质和规律的一种思维方法。创新思维实际上是各种思维形式的综合体。

　　在现代科学技术发展过程中,一个思维的转变,往往给人们带来令人惊喜的创新。如电视机＋电话＝可视电话;数据＋文字＋图像＋声音＝多媒体;自行车＋电机＋蓄电池＝电动自行车。

6. 创造性

　　创造性思维可以不断地增加人类知识的总量,不断推进人类认识世界的水平。创造性是创新思维的直接体现或标志,具体表现为创新成果的新颖性和唯一性。

阅读材料

　　早产婴儿出生后需要足够温暖的环境,而在发展中国家的贫穷村庄,村诊所无法及时将婴儿送到有保温箱的市医院,又或者因为父母无法支付一天约130美元的传统恒温箱使用费用使婴儿得不到妥善照顾而早夭。

　　斯坦福大学的陈姿谕(Jane Chen)和她的伙伴决心改善这一问题,通过走访调研,他们研发了一款便携式的育婴保温袋,比起传统的恒温箱,它的使用更简单、安全,并且不需要电就能恒温长达4—6小时,价格大约是25美元,仅是传统保温箱的1%,挽救了超过20万名早产儿的生命。

　　创新是社会进步的灵魂,创业是推动经济社会发展、改善民生的重要途径。中国共产党的二十大报告指出"创新是第一动力",并强调要"坚持创新在我国现代化建设全局中的核心地位"。青年学生富有想象力和创造力,是创新创业的有生力量。国际学生在创业时也要注重创新,培养创新思维。

二、创新思维训练

　　人类是一种会思维的动物,思维是人类最主要的秘密,其最大的特点就是能够创新,即构想一种目前现实中还不存在的东西。对于个人来说,创新思维是一种习惯,要求我们改变旧的思维习惯而建立起新的思维习惯。一切需要创新的活动都离不开思考,离不开创新思维,可以说,创新思维是一切创新活动的开始。只要学会运用创新思维,就可以具有创造力,从而具备成为一名成功企业家的潜质。但是思维习惯的改变和建立,往往是一个长期主动自觉的训练过程。

阅读材料

　　很长时间,电冰箱市场一直为美国人所垄断,几乎每个家庭都有电冰箱。这种高度成熟的产品竞争激烈,利润也很低,美国的厂商显得束手无策,而日本人却异军突起,发明创造了微型冰箱。人们发现除了可以在办公室使用外,还可以安装在野营车、娱乐车上,于是,全家人外出旅游,舒适条件全部具备。

(一)建立创新理念

我们正处在一个高速变化的新时代,必须建立新的理念才能应对出现的新情况和新问题。

"头脑就是资源"。在经济领域,市场经济正在蓬勃发展,市场竞争日趋激烈。人与人之间的竞争,归根结底是智力的竞争,是头脑的竞争。

"不断淘汰自己"。在社会领域,进入信息社会,各种信息铺天盖地,使得我们每天都要面临一个不断变化着的崭新世界,仅仅依靠以往的老经验已经无能为力了。

(二)跳出思维定式

在长期的思维实践中,每个人都形成了自己所惯用的、格式化的思考模型,当面临外界事物或现实问题的时候,我们能够不假思索地把它们纳入特定的思维框架,并沿着特定的思维路径对它们进行思考和处理,这就是思维定式。

阅读材料

某时装店经理不小心把一条高档呢裙烧了一个洞,这就使裙子的价格一落千丈。如果用织补法补救,也只是蒙混过关,欺骗顾客。这位经理突发奇想,干脆在小洞的周围又挖了许多小洞,并精致地装饰了这些小洞,将其命名为"凤尾裙"。一下子,"凤尾裙"销路顿开,该时装店也出了名。

1. 跳出"从众定势"

从众定势的根源在于,人是一种群居性的动物,为了维持群体生活,每个人都必须在行动上奉行"个人服从群体,少数服从多数"的准则,然而这个准则不久便会成为普遍的思维原则而成为"从众定势"。

从众定势使得个人有归属感和安全感,人云亦云随大流,即使错了,也无须独自承担责任。人们大部分的行为选择其实都是从众的结果,而很少经过自己独立的深思熟虑。从众定势会让创业者错失一些潜在的商机,因为他们只会跟随市场已有的趋势,而不会尝试创造新的市场需求。

2. 跳出"经验定势"

经验与创新思维的关系,是个较为复杂的问题。经验具有不断增长、不断更新的特点,从而有可能使我们看到它们的相对性,经过比较发现其局限性,进而开阔眼界,增强创新能力。经验又是相对稳定的,因而又有可能导致对经验的崇拜,形成固定的思维模式,由此削弱想象力,造成创新能力的下降。

思维上的"经验定势"在以下方面构成了"思维枷锁":第一,经验本身是一种限定或框架,"任何肯定即否定",因而使人难以想到框架之外的事物;第二,以往的经验与当今的现实并不能完全吻合,也不一定能适用于现在和未来,因此扼杀人的创新思维。

阅读材料

"当遇到问题时,先找出最显而易见的解决方法,然后将它排除掉。好,现在可以开始思考其他的解决方式了。"

想象你现在是一个雄心勃勃的创业者,比如说你想开家餐馆,像下面这个样子。

餐厅是干什么的?提供食物。

但是不行,现在我告诉你——这家餐馆不提供食物,或者说,食物很一般。

换句话说:你要开一个不以食物吸引人的餐厅。

既然决定不用食物吸引客人,那么取而代之要用什么吸引客人呢?

你可以把重点放在营造与众不同的餐厅氛围上,开一个主题餐厅,比如说这样:打造一个航空主题的餐厅(把餐厅打造成飞机机舱的样子)。

或者,你邀请一支很棒的乐队或舞团来演出。

比如这样:你还可以把用餐环境布置成儿童乐园的样子,吸引亲子聚餐。

比如这样:你甚至还可以把用餐环境移到室外。

还有很多其他的方案……

当排除了"食物"的亮点之后,你需要思考的——就是打破常规的点子,这就是创新思维。

善于创新思维的人,不仅能找到别人看不见的解决方式,还能发现别人没有意识到的资源,并把它包装出最高的价值。就是这样,在做任何事情的时候,你都可以尝试不同的解决办法——先排除那个显而易见的,以这个为前提去思考。

(三)拓展思维视角

"视角"就是思考问题的角度、层面或立场,应该尽量多地增加头脑中的思维视角,学会从多种角度观察同一个问题。

1. 换位思维

我们观察和思考外界的事物,总是习惯以自我为中心,用我的目的、我的需要、我的态度、我的价值观念、我的情感偏好、我的审美情趣等,作为"标准尺度"去衡量外来的事物和观念。

"他人视角"要求我们在思维过程中尽力摆脱"自我"的狭小天地,走出"围城",从别人的角度,站在"城外",对同一事物和观念进行一番思考,发现创意的苗头。任何群体总是由个人组成的,但是对于同一个事物,从个人的视角和从群体的视角来看,往往会得出不同的结论。

2. 流变思维

世界在不断地变动,但是在思考问题的时候,人们往往忘记了变化。只从一个时间点上思考,于是失去了许多创新的时机,所以我们要具有流变思维。

如果能够对任何一个事物都从三个时间点上来思考,即"现在""过去""未来",我们的眼界就能大大扩展,看到许多只从一个视角永远看不到的新东西。

阅读材料

元宇宙指沉浸式的虚拟世界,英文 Metaverse。这个虚拟世界由 VR(虚拟现实)、AR(增强现实)等 3D 技术和互联网组成。元宇宙新思维 = 技术思维 × 金融思维 × 社群思维 × 产业思维。用户可以在元宇宙中感受不一样的人生,或是体验与真实世界完全不同的世界。与现有网络游戏不同的是,元宇宙能给玩家带来更真实的感受,让玩家仿佛可以置身于虚拟世界当中,甚至可以做到无法区分真实与虚拟世界。

(四)激发思维潜能

人类的大脑是世界上最复杂、效率最高的信息处理系统。它的重量只有1600克左右,其中却包含着100多亿个神经元;在这些神经元的周围还有一千多亿个胶质细胞。人脑的存储量大得惊人,在从出生到老年的漫长岁月中,我们的大脑足以记录每秒钟1000个信息单位,也就是说,我们能够记住从小到大周围所发生的一切事情。

1. 良性暗示

暗示又可分为积极的暗示即"良性暗示",消极的暗示即"负面暗示"。学者认为,暗示通过显意识进入潜意识,到达意识的深层部分。从这个方面讲,潜意识是暗示的积累与沉淀。它从根本上影响着、折射着、塑造着人的生命。潜意识遇到偶然的机会,也会冒出来,在意识中出现,其表现形式即为灵感、直觉、想象等。积极暗示能够开发头脑中的思维潜能,应该尽可能多地从周围环境和别人那里得到积极暗示,或者直截了当地对自己进行积极暗示,同时要拒绝和抛弃那些压抑思维潜能的消极暗示。

2. 头脑风暴法

头脑风暴法是一种集体创意技术,旨在通过团队成员集中讨论和思考,产生新的想法和解决问题的方法。在头脑风暴中,团队成员可以自由发挥想象力,提出各种各样的意见,然后通过讨论和筛选,最终确定最佳的解决方案。这种方法的特点是:克服心理障碍,思维自由奔放,打破常规、激发创造性的思维活动,获得新观念,并创造性地解决问题。

头脑风暴法是怎样激发创造思维的呢?

第一,联想反应。联想是产生新观念的基本过程。在集体讨论问题的过程中,每个人提出的新观念,都能引发他人的联想。集体相继提出一串的新观念,产生连锁反应,形成新观念堆,为创造性地解决问题提供了更多的可能性。

第二,热情感染。在不受任何限制的情况下,集体讨论问题能激发人的热情。人人自由发言、互相影响、互相感染,能形成热潮,突破固有观念的束缚,最大限度地发挥创造性的思维能力。

第三,竞争意识。在有竞争意识的情况下,人人争先恐后,竞相发言,不断地开动思维机器,力求有独到见解、新奇观念。心理学的原理告诉我们,人类有争强好胜心理,在有竞争意识的情况下,人的心理活动效率可增加50%或更多。

第四,个人欲望。在集体讨论解决问题过程中,个人的欲望自由,不受任何干预和控制,是非常重要的。头脑风暴法有一条原则,不得批评他人的发言,甚至不许有任何怀疑的表情、动作、神色。这就能使每个人畅所欲言,提出大量的新观念。

三、企业创新的分类

创新作为基本的企业行为之一,其表现形式是多种多样的,根据其创新内容的不同,可以分为产品创新、服务创新、组织创新、市场创新和商业模式创新等。

(一)产品创新

产品创新是指企业为了满足市场需求而推出一个全新的产品替代旧产品,以满足消费者或市场的需求。在产品创新中,不仅要了解顾客需要,还要在研究行业内现有产品以及可能出现的替代产品,采取不同的创新策略。

1. 差异型产品创新策略

产品创新的重点是在特定的市场中形成与同类产品之间的差异。由于技术与市场的创新程度都较低,形成差异的焦点在于提高产品的性能、降低生产成本和突出本企业产品的特色。实现这一策略的有效工具就是通过质量展开、技术展开、可靠性展开和成本展开,在细分的目标市场中全面满足顾客的需要。

2. 组合型产品创新策略

产品创新的重点,是通过对现有技术的组合形成的创新产品。组合技术创新的产品,可以以现有的市场为目标来满足现有的需要,也可以以新市场作为目标市场创造新需求。例如,当年风靡日、欧、美市场的 MP3 播放机,由于具有比 CD 机更好的音响效果和可以下载网络上的音乐而受到年轻消费者的欢迎,出现了取代磁带和 CD 随身听的趋势。

3. 技术型产品创新策略

技术型产品创新策略的焦点是应用新技术、新原理来解决现有产品或相对成熟市场中存在的问题,以提高市场占有率。如何直接获取现有产品的不足呢? 在电商极度发达的今天,公司通过在几个电商平台上搜索一定数量的差评,就可能获得产品改进和创新方向的灵感。

阅读材料

关于某个品牌杯子的差评

顾客甲:没用呢,都是铁锈,同事都说我智商有问题,三十多元钱买这玩意儿,不吹不黑,五块钱的东西。

顾客乙:呵呵呵,杯子是漂亮,但握的地方是空心的,一碰就碎。请大家擦亮眼睛。

顾客丙:设计师是不是没泡过茶,滤网细得要死,茶叶第一泡浸湿后水根本进不去。

顾客丁:刚到手,直接说,杯子设计不合理,除了木柄没有不烫手的,茶漏设计不合理容易溢水。

思考题:如果你是杯子的设计师,你会从哪些方面对产品进行改进?

4. 复合型产品创新策略

该策略要求在技术与市场两个方面同时进行创新。这类新产品对开发人员和顾客来说都比较陌生,为此在开发中需要用户和开发者紧密联系,这样开发人员才有机会引导用户,并使之对产品产生一定的认识。这类产品的购买过程通常很长,失败的损失通常较大。由于属于非竞争性产品,因此在一定时间内具有垄断性,价格不是这类新产品开发的重点,而性能、特色、服务甚至企业形象才是需要特别关注的问题。

阅读材料

世界时钟(见图1-1)呈十二边形,可通过转动显示全球12个大城市的当地时间。这款独特的作品由日本设计师Masafumi Ishikawa倾心打造,简约的外观设计充分展现了其不俗的制作工艺。简约风格是Ishikawa先生所推崇的一大设计理念。值得一提的是,在设计表盘时,Ishikawa先生还运用了源自雷克萨斯高性能车型的碳纤维面板。

图1-1　世界时钟

图片来源:www.toutiao.com

(二)服务创新

1.服务创新的维度

服务创新就是使现有或潜在用户感受到不同于从前的崭新内容,是指新的设想、新的技术手段转变成新的或者改进的服务方式。服务创新具有四个维度:

(1)服务概念。服务概念即供应商以什么概念吸引新老客户。

(2)客户接口。客户接口即供应商与客户端交互平台。

(3)服务传递。服务传递即供应商和客户间有效传递所共创或获取的价值途径。

(4)技术选择。技术选择即如何开发新技术并应用于服务系统中,推出新服务概念,设计更先进的客户接口,建立更有效的传递系统。

阅读材料

基于消费者创新消费服务的观念逐渐加深,在产品营销方面,海底捞针对就餐前提供代客泊车及免费擦车等服务,候客区则提供擦鞋、美甲等免费服务,为消费者在进餐前提供优质的服务。进餐时,海底捞为消费者提供各种各样满足消费者口味的锅底,其中最重要的是海底捞的四味锅底,打破了即使多人来进餐众口难调的尴尬场面。同时,根据不同的消费人群提供围裙、眼镜布、橡皮筋、手机袋和发卡、靠垫、玩具等物品。每桌配有一名服务员,搭配酱料、添菜、熟悉顾客名字,而且服务员有权力为顾客换菜、送菜、打折。基于以上的种种服务,使消费者有种宾至如归的感觉,服务员在推荐菜品时,不会让消费者有抵触和不满情绪。不仅如此,海底捞相较于其他火锅店的特色还在于菜单上所有的菜品都可以点半份,这样就可以使消费者尝到更多种类的菜品,而且还同时提供免费小吃、精品凉菜等。在就餐后,服务员会立马送上口香糖给消费者并致以最诚挚的微笑。

2. 服务创新的注意事项

服务创新应把握好以下几个方面:

(1)把注意力集中在对顾客期望的把握上。在竞争对手云集的市场中,不必轻易改变产品本身,而应该把注意力集中在对顾客期望的把握上,认真听取顾客的反映以及修改的建议,一般80%的服务概念来源于顾客。

(2)善待顾客的抱怨。顾客的抱怨往往表明服务有缺陷或服务方式应当改进,这正是服务创新的机会。对待顾客的抱怨,均应立即妥善处理,设法改善。以耐心、关怀来巧妙解决顾客的问题,这是服务创新的基本策略。

(3)服务要有弹性。服务的对象很广泛,并且他们有不同期望及需要,因此良好的服务需要保持一种弹性。服务有许多难以衡量的东西,一味追求精确,非但难以做到,反而易作茧自缚。

(4)企业员工比规则更重要。创新就是打破一种格局以创造一种新的格局,最有效的策略就是向现有的规则挑战,挑战的主体是人。通常,顾客对服务品质好坏的评价是根据他们同服务人员打交道的经验来判断。

(5)用超前的眼光进行推测创新。服务是靠顾客推动的,当人们生活水平低于或等于生存线时,其需求模式是比较统一的。随着富裕程度的提高,消费需求由低层次向高层次递进,由简单稳定向复杂多变转化。这种消费需求的多样化意味着人的价值观念演变。

(6)对产品设计和体现的服务要与建立一揽子服务体系结合起来。产品创新从设计开始,服务也从设计开始。要在产品中体现服务,就必须把顾客的需要体现在产品设计上。在产品设计中体现服务,是一种未雨绸缪的创新策略。要使顾客满意,企业必须建立售前、售中、售后的服务体系,并对体系中的服务项目不断更新。服务的品质是一个动态的变量,只有不断地更新才能维持其品质不下降。售前的咨询、售中的指导、售后的培训等内容会随着时间的推移使其性质发生变化,原来属于服务的部分被产品吸收,创新的部分才是服务。

(7)把"有求必应"与主动服务结合起来。不同的企业对服务的理解不同。其中,很多企业对服务的定义过于狭窄。餐饮企业对服务的理解可能就是"笑容可掬";设备销售企业,可能把服务理解为"保修";银行可能认为服务就是快捷并不出差错;商品零售企业可能认为服务就是存货充足和免费送货。这些理解都只是把服务限定在"有求必应"的范围内,满足于被动地适应顾客的要求。一个企业要在竞争中取胜,仅仅做到"有求必应"是不够的,应不断地创新服务,由被动地适应变为主动地关心、主动地探求顾客的期望。

(8)把无条件服务的宗旨与合理约束顾客期望的策略结合起来。企业不遗余力地满足顾客的需要,无条件地服务顾客,是达到一流服务水平的基本原则,但在策略上必须灵活。合理约束顾客的期望常常是必要的。顾客对服务品质的评价,容易受其先入为主的期望所影响,当他们的期望超过企业提供的服务水准时,他们会感到不满;但当服务水准超过他们的期望时,他们会心满意足。企业有必要严格控制广告和推销员对顾客的承诺,以免顾客产生过高的期望,而在实际服务时尽可能超出顾客的期望。正确地处理无条件服务与合理约束两者的关系,是企业在服务创新中面临的挑战。

(9)把企业硬件建设与企业文化结合起来。企业硬件建设需要与企业文化相匹配,例如,在办公环境设计上体现企业文化的理念和价值观,让员工在工作中感受到企业文化的力量。在企业服务的过程中,要将企业文化融入服务标准中,确保员工在为客户提供服务的过程中能够体现企业文化的精神和价值观。企业需要通过培训和激励机制,培养符合企业文化的员工团队,让他们在工作中能够积极传播企业文化,并通过自身的行为和工作成果来体现企业文化的核心价值。

(三)组织创新

现代企业组织创新就是为了实现管理目的,应用组织行为学的知识和方法将企业资源进行重组与配置,采用新的管理方式和方法、组织结构及人员比例关系,使企业产生更大效益的创新活动。

【创业案例1-4】

韩都衣舍(Handu Group)创立于2008年,自创立以来一直专注于打造年轻时尚的女装品牌。经过多年的努力,该品牌已经连续7年在全网销量领先,备受消费者青睐。2020年,韩都衣舍在天猫女装类目中赢得了超5000万年轻女性的青睐,成为粉丝数量第一的品牌。这表明韩都衣舍在时尚界的影响力和知名度不断提升,同时也反映出该品牌在年轻消费者心中的地位和价值。

韩都衣舍的组织模式主要是基于小组制的蚂蚁军团组织,这是创始人赵迎光说的改造版的阿米巴。韩都衣舍把企业内部划分成几百个3人小组,称为蚂蚁军团。这种组织模式的核心就是平台十小组制:一方面是企业要建立向平台化转型;另一方面是企业内部建立几百个三人小组,别的企业内部组织模式大多是基于流程建立串联的组织关系,韩都衣舍采用并联式组织模式,采用包产到户的方式,让每个品牌、每个款式都是一个相对独立并联的小组,每个小组都由3个人组成,这3人小组包括产品设计师、页面详情设计以及库存订单管理三个核心岗位,资历和能力强的人兼任组长。这种并联式的模式把公司变成一个平台,让所有的小组都在平台上像插件一样,去获取平台的资源支持,直接面对消费者。这种组织模式使得组织贴近消费者前端,几百个小组贴近消费者、满足消费者个性化的需求。

小组成员是有"责权利"的,责权利在小组里面有明确的责任和利益分享,另外,几百个小组在企业内部获得平台的支持以及行政资源的支持、生产、品牌的运作、储运、供应链,这时组织就变成一个赋能体系,为数百个小组提供赋能。这种模式的运行是靠数据驱动,韩都衣舍的组织结构图跟传统的组织结构图不一样,基本上是数据化的。而且,这种小组有自己的考核:韩都衣舍每3~5个小组会产生1个主管,每3~5个主管会产生1个部门经理,还是有管理层级的,每个小组之间、部门之间的协调靠主管和部门经理来协同,把传统的组织模式跟新的组织模式融合在一起,内部有它的一套分成机制。

总的来讲,韩都衣舍的组织模式是内部平台化加无数个蚂蚁战斗队,贴近客户、贴近消费者的需求,小组在责权利上实现统一,不是淘汰人,而是更新迭代小组,每个小组不断在排名,今天是第一名,明天可能落到第三名,这就刺激了各个小组内部、团队之间必须要你追我赶。同时,整个利益机制是透明的。

(资料来源:阿米巴辅导,网址:https://www.sohu.com/a/235691015_797446)

1.组织创新的主要内容

组织创新是企业进行的有计划、有步骤的系统变革,它应随着外部环境和内部条件的变化而进行调整,企业组织的创新活动与企业的外部环境、发展需求及管理需求是密不可分的。当企业出现经营业绩下滑、产品缺乏创新,员工士气低落等不利情况时,企业领导者就要及时进行组织诊断,判断组织机构是否有开发创新的必要。组织创新一般涉及四个方面:

(1)功能体系的变动:根据新的任务目标来划分组织功能,对所有管理活动进行重新设计。

(2)管理结构的变动:对职位和部门设置进行调整,改进工作流程与内部沟通方式。

(3)管理体制的变动:包括管理人员的重新安排以及职责权限的重新划

分等。

（4）管理行为的变动：包括各种规章制度的更改。

2.组织创新的基本原则

任何企业的组织结构都不是一成不变的，只有通过合理的组织创新才能适应时代的进步和市场的变革，才能避免企业组织结构老化，从而使企业顺利地成长和发展。进行组织创新，要遵循以下基本原则：

（1）组织既能适应当前的外部环境要求和内部组织条件变化，又能满足未来的外部环境要求和内部组织条件的变化，这是组织创新的重要前提。

（2）参照与外部环境要求和内部组织条件相适应的规划进行组织创新。

（3）应当预见员工的心理和态度发生的变化，以及变化带来的产品设计、产品技术和工作流程的改变，还应根据这些变化采取相应的措施。

（4）调整组织结构必须建立在提高组织工作效率和员工工作绩效的基础上，从而达到员工个人和组织的目标，并让它们合为一体，相辅相成。

（四）市场创新

人们一般把开辟一个新的市场和控制原材料的新供应来源归纳为市场创新。事实上，市场创新，完整地说，企业市场创新是指企业从微观的角度促进市场构成的变动和市场机制的创造以及伴随新产品的开发对新市场的开拓、占领，从而满足新需求的行为。

市场创新包含两个方面的内容：

1.开拓新市场

开拓新市场包括这样三层意思：

第一，地域意义上的新市场。这样的市场指企业产品以前不曾进入过的市场。它包括老产品进入新市场，如由中国向其他国家拓展，由城市向农村拓展，也包括新产品进入新市场。国际学生在开拓新市场方面有着独特优势，可以广泛整合母国及周边地区的资源，将中国的产品推广到新的市场或者将自己国家的产品推广到中国或周边国家的市场。

第二，需求意义上的新市场。指现有的产品和服务都不能很好地满足潜在需求时,企业推出新产品以满足市场消费者已有的需求欲望,如向农民推销廉价的、功能较少的彩电,向工薪阶层推销低价位汽车等。

第三,产品意义上的新市场。将市场上原有的产品,通过创新变为在价格、质量、性能等方面具有不同档次的、不同特色的产品,可以满足或创造不同消费层次、不同消费群体需求。如福特汽车公司变换汽车式样,向其顾客供应不同档次的汽车:向富豪供应凯迪拉克,向一般人供应雪佛兰,向中等富裕的人供应奥尔兹莫比尔等。

2. 创造市场"新组合"

市场创新又是市场各要素之间的新组合,它既包括产品创新和市场领域的创新,也包括营销手段的创新,还包括营销观念的创新。

市场营销组合是哈佛大学的敦凯提出的一个概念,它指综合运用企业可控制的因素,实行最优化组合,以达到企业经营的目标。市场营销组合观念是市场营销观念的重要组成部分。营销组合为实现销售目标提供了最优手段,即最佳综合性营销活动,也称整体市场营销。市场营销组合观念认为,企业可以控制的产品、定价、分销与促销诸因素,都是不断发展变化的变数。在营销过程中,任一因素的变化都会出现新的市场营销组合。

【创业案例 1-5】

美国戴尔计算机公司创始人米歇尔·戴尔,就是以低价来开拓创新学生计算机市场的。当米歇尔考入得克萨斯大学读书时,他发现校园里许多人都想拥有一台个人电脑,但商店里的电脑标价令他们望而却步,而且当时计算机的性能也不太适合学生使用。米歇尔还了解到,IBM 公司的推销员很少有人能完成公司的"定额"。于是,米歇尔与推销员联系,以进价买下剩余的计算机,搬回自己的寝室,自己着手进行一些小小的改进,使之更适合大学生使用。为了适应学生市场的特点,他采取了低价战略,售价比当时当地的同类机型低 15%。由于价格低廉和性能适用,这种计算机很快赢得了市场。校园里的大学生、公司的写字间、诊所及律师事务所都有了他的改装机,从而形成了一个学生型计算机市场。所有这些都是在他的大学寝室里实现的。1984 年 5 月米歇尔拿出自己的所有积蓄创办了戴尔计算机公司,当时他只有 19 岁。

(资料来源:根据豆丁网相关资料整理,网址:https://www.docin.com/p-2311363650.html)

(五)商业模式创新

1. 商业模式创新的含义

商业模式创新是改变企业价值创造的基本逻辑以提升顾客价值和企业竞争力的活动。商业模式创新既可能包括多个商业模式构成要素的变化,也可能包括要素间关系或者动力机制的变化。互联网的出现改变了基本的商业竞争环境和经济规则,标志"数字经济"时代的来临。互联网使大量新的商业实践成为可能,一批基于它的新型企业应运而生。新涌现的一些企业,如雅虎、亚马逊、易贝等,在短短几年时间里,就取得巨大发展,并成功上市,许多人也随即成为百万甚至亿万富翁,产生了强大的示范效应。它们的赚钱方式,明显有别于传统企业,于是,商业模式一词开始流行,它被用于刻画描述这些企业是如何获取收益的。

要理解什么是商业模式创新,首先需要知道什么是商业模式,虽然最初对商业模式的定义有争议,但到 2000 年前后,人们逐步形成共识,认为商业模式概念的核心是价值创造。商业模式是企业价值创造的基本逻辑,即企业在一定的价值链或价值网络中如何向客户提供产品和服务,并获取利润,通俗地说,就是企业是如何赚钱的。

商业模式创新是指企业价值创造提供基本逻辑的变化,即把新的商业模式引入社会的生产体系,并为客户和自身创造价值,通俗地说,商业模式创新就是指企业以新的有效方式赚钱。新引入的商业模式,既可能在构成要素方面不同于已有商业模式,也可能在要素间关系或者动力机制方面不同于已有商业模式。

2. 商业模式创新的要素

商业模式创新需要依据消费者、价值和利润这三个核心要素来回答以下问题：

(1)企业的消费者在哪里？

(2)企业能为消费者提供什么价值？

(3)企业如何以合理的价格为消费者提供这些价值并从中获得企业的合理利润？

除此之外，商业模式创新还需要考虑以下九个要素：

(1)价值主张：价值主张指企业通过其产品和服务能向消费者提供的价值。价值主张确认了企业对消费者的实用意义。

(2)客户细分：消费者目标群体指企业所瞄准的消费者群体。这些群体具有某些共性，从而使企业能够（针对这些共性）创造价值。定义消费者群体的过程也被称为市场细分。

(3)渠道通路：分销渠道指企业用来接触消费者的各种途径，它阐述了企业如何开拓市场，涉及企业的市场策略和分销策略。

(4)客户关系：客户关系指企业同消费者群体建立的联系。我们所说的客户关系管理就是由此出发的。

(5)关键业务：关键业务是组织机构为维持其商业模式运营必须实施的活动。

(6)核心资源：核心资源指企业执行其商业模式所需的主要资源，即企业在竞争中处于优势地位的强项。

(7)重要伙伴：重要伙伴是指企业同其他企业之间为有效地提供价值并实现商业盈利而形成的合作关系网络。

(8)成本结构：成本结构指服务或产品成本中各项费用所占的比例。

(9)收入来源：收入来源指企业通过各种收入流来创造财富的途径。

商业模式的九个要素环环相扣，互相影响，商业模式正好就是包含这九个要素及其关系的概念性工具，并用来阐述某种实体的商业逻辑。商业模式各要素之间的关系如图所示：

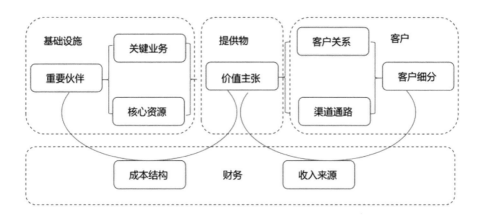

图 1-2　商业模式各要素之间的关系

阅读资料

二手服装交易平台 Poshmark 旨在解决两个问题：让用户处理高质量二手服装；让另一部分用户以实惠的价格买到心仪的服装。与其他竞争对手如 The RealReal 不同之处在于，在交易管理方面，Poshmark 不是中间人，而是让买家和卖家直接联系。

成立三年时间，Poshmark 注册用户达百万，目前已经推出 iOS 和 Android 客户端，90％的用户都使用手机客户端应用，同样 90％的收入也都来自手机客户端。

目前平台拥有 70 万名卖家，交易物品有 25 美元一件的"快时尚"，也有 5000 美元一件的奢侈品包包，这一点与 The RealReal 也不相同。平台上，卖家每天上架 200 万美元以上的新品，在任何时候待售产品都在 1000 万件以上，Poshmark 每天要处理数百万份订单。

Poshmark 从每项成功的交易中收取交易额的 20％作为佣金，年销售收入达 2 亿美元。

巩固复习

第一章

课后思考题

一、基本概念

创业　创业精神　创新思维

二、简答题

1.创业者可以分为哪几类？

2.创业的关键要素是什么？

3.创业精神的要素有哪些？

4.创业精神应该如何培养？

5.创新思维该如何训练？

6.企业创新分为哪几类？

第二章　创业机会与风险

 学习目标

1.了解创业机会的含义、特征及来源。

2.掌握创业机会的识别过程及评估方法。

3.提高对创业机会风险的理性认识。

4.学会区分系统风险与非系统风险。

案例导入

非洲手机之王——传音

在非洲手机市场上,销售冠军既不是三星、苹果等国际手机巨头,也不是中国的华为、小米,而是中国另外一家非常低调的手机制造商——传音(TECNO)。这样一个在中国名不见经传的手机品牌却能成功出口到非洲,成为非洲手机市场之王,与传音手机创始人竺兆江精准的市场分析和判断能力密不可分。

在创办传音之前,竺兆江在波导公司工作了近10年,一直负责波导手机的海外销售业务,走遍全球90多个国家和地区,对全球手机行业保持着高度关注并进行着深度思考。2006年,竺兆江从波导公司辞职,和几个朋友一起在深圳成立了传音控股公司。尽管在创业初始阶段,竺兆江凭借自己多年的从业经验已经能够预判未来的中国手机市场必定会存在激烈的竞争,传音手机想要争得一席之地很困难,但他发现非洲市场的手机生产、设计和研发水平一直较低,市场潜力巨大。

基于这样的分析,传音控股一经成立,就直接将目标锁定在非洲。由于非洲市场消费者收入水平较低,并且还存在不识字的民众,所以传音公司针对非洲市场开发和销售的手机与国际市场上的主流手机有很大区别:一方面传音手机价格低廉,成本和定价都控制在较低水平,尽可能与非洲国家的消费水平相匹配;另一方面,传音手机充分考虑了非洲消费市场民众的使用习惯,实现了手机功能的本土化。首先,在拍照模式上,公司研发团队就专门针对非洲人的肤色和面部特征,开发出了用牙齿和眼睛来定位脸部的技术,在此基础上推出了非洲版的美颜和滤镜。其次,在运营商数量众多且网络复杂的非洲,很多人为了省钱会办理多张SIM卡以便在不同网络间随时切换,为此,传音手机推出"多卡多待"功能。除此之外,传音还针对当地的环境特点、文化习俗等,推出超长待机、高扬声器音量、高强度手电筒等功能,完美满足了当地消费者需求,成了非洲消费者争相抢购的爆款产品。

(资料来源:根据网易、搜狐等网站资料整理,网址:https://www.sohu.com/a/258780824_656058 https://www.163.com/dy/article/FI9RPM6K0518J3SG.html)

第一节　创业机会的含义与来源

任何事情要能做成功,除了靠天赋,还得有一定的机会,创业也是这样。寻找和识别创业机会,并对创业风险有比较理性的认识,这是创业者开始创业前的必经之路,是创业成功的基础。

一、创业机会的含义

创业机会主要是指具有较强吸引力的、较为持久的、有利于创业的商业机会,创业者据此可以为客户提供有价值的产品或服务,并同时使创业者自身获益。在市场经济中通常表现为尚未满足或尚未完全满足的有购买力的消费需求。

个人投资创业要善于抓住好机会,把握住了每个稍纵即逝的投资创业机会,就等于成功。环境的变化,会给各行各业带来良机,人们透过这些变化,就会发现新的前景。变化可以包括:①产业结构的变化;②科技进步;③通信革新;④政府政策变化;⑤价值观与生活形态变化;⑥人口结构变化。

微课堂

国际学生如何寻找创业机会

以人口因素变化为例,可以举出以下一些机会:

①为老年人提供保健用品及养老服务;②为年轻夫妇提供婴幼儿托管服务;③为年轻女性和上班女性提供必备用品;④为家庭提供文化娱乐用品。

【创业案例2-1】

高中毕业后干起家电维修的小胡和小姜,每天都以修收音机、电视机为生,但小胡是一个经营上的"不安分者",小姜则是一个循规蹈矩的"老实人"。不久前,小胡又突发奇想,寻找到新的商机:他发现当地的农民用上了自来水后,将来就有可能使用洗衣机,有洗衣机便会有维修洗衣机的业务。于是,他买回本地市场上常见品牌的洗衣机供周围的人使用,目的之一是让人们尝尝使用洗衣机的甜头,目的之二是学习洗衣机的结构、保养和维修。果不其然,一年后,一台台洗衣机进入农村,维修业务几乎全被小胡包揽了,而小姜只能眼睁睁看着自己失去一次扩大维修范围的机会。

一般人总是等机会从天而降,而不是通过努力工作来创造机会。殊不知,人们遇到的问题和未满足的需要总是不断提供新的商机。优秀创业者的一个基本素质,就是善于从他人的问题中发现机会,主动把握机会。

在人人创业的时代,有人成功就必然有人失败,创业要想成功,优秀的创业点子非常重要,同时创业者要有敏锐的眼光和创新的意识,能从平凡的事情当中找出闪亮点。

(资料来源:搜狐网,网址:https://www.sohu.com/a/199605263_99947735)

二、有效创业机会的特征

有的创业者认为自己有很好的想法和点子,对创业充满信心。有想法有点子固然重要,但是并不是每个大胆的想法和新颖的点子都能转化为创业机会。许多创业者因为仅仅凭一时的想法去创业而失败了。

总的来说,真正有效的创业机会具有以下五个特征:

(一)创业机会的创新性

创业的本质是创新,可以是新的技术和新的解决方案,可以是差异化的解决办法,也可以是更好的措施。创新性也是项目优势的最大体现,能挖掘别人未发现或未被完全开发的商机。没有创新的创业活动是难以生存和发展的。

(二)创业机会的领先性

"机不可失,时不再来"。创业者只有抓住符合当时市场需求的机遇,"先人一步"才能抢占先机。

(三)创业机会的可操作性

有价值的创意绝对不会是空想,而是要有现实意义,具有实用价值和可操作性的,简单的判断标准是能够开发出可以把握机会的产品或服务,而且市场上存在对产品或服务的真实需求,或可以找到让潜在消费者接受产品或服务的方法,并能整合自我所具有的资源进行开发利用。

(四)创业机会的获利性

有潜力的创意还必须具备对用户的价值和对创业者的价值。创意的价值特征是根本,好的创意要能给消费者带来真正的价值,给创业者带来丰厚的利润。

（五）创业机会的持久性

新的产品或服务在市场上建立起来后，"机会窗口"被打开。创业者要善于抓住"机会窗口"，更要考虑该创业机会是否具有长期可发展性。

三、创业机会的来源

创业机会主要来自发现市场痛点以及社会变革。

（一）发现市场痛点

创业的根本就是发现并解决市场痛点，不断满足顾客的需求。寻找创业机会一个重要的方法就是要善于发现他人在学习、生活、工作、娱乐等方面的难处。例如，现在很多人同时用两三部手机，到了酒店有的还没有空余地方充电，使用的时候特别不方便。后来有工厂就设计并生产出一种好玩的充电器，只有手心大小，可以同时充几样电器，电线还能收到沟槽里，方便携带又不凌乱，这种充电器投入市场后广受顾客欢迎。

（二）社会变革

美国凯斯西储大学谢恩（Scott Shane）教授提出了产生创业机会的四种变革，主要是技术变革、政治和制度变革、社会和人口结构变革以及产业结构变革。

1. 技术变革

技术变革可以使人们去做以前不可能做到的事情，或者更有效地去做事情。新技术的出现也改变了企业之间竞争的模式，使得创办新企业的机会大大提高。就像以前是以PC互联网为核心，现在是以移动互联网为核心，这就是技术的变革。每一次技术的变革，都存在海量的创业机会。蒸汽机的发明和应用启动了第一次技术革命。电力的发明和应用启动了第二次技术革命。计算机的发明是第三次技术革命中的重要发明。而纵观历史，每一次新技术的出现，都会诞生大量的巨型企业。这些企业会打败老牌的企业，这就是新技术的出现所给予的机会。就像智能手机技术的出现,苹果打败了诺基亚。云计算、大数据、机器人、人工智能,其实都是属于新技术。但是有些高端的东西,也许离我们比较遥远。但第一拨冲进去的人总能抓住机会,例如,比尔·盖茨抓住 PC 操作系统的机遇,成为世界首富。

2. 政治和制度变革

政治和制度变革意味着革除过去的禁区和障碍,或者将价值从经济因素的一部分转移到另一部分,或者创造了更多新价值。例如,人类越来越关心环境保护,中国政府为了环境和经济的和谐发展,提出了碳达峰碳中和目标,实施新的能源政策,这就推动了中国企业在工艺、技术等方面的转型升级,为经济社会实现高质量发展提供了动力引擎。碳中和目标可能会催生一批新产业、新赛道,产生显著的经济和社会效益,未来将以风能、光伏、氢能为主构建一个新能源体系。

3. 社会和人口结构变革

社会和人口结构变革就是通过改变人们的偏好和创造以前并不存在的需求来创造机会。例如,现在世界上越来越多的国家步入老龄化、少子化社会,这样的人口结构必然会带来老年人保健、与养老相关的系列问题,那么医药保健、养老产业将迎来发展的春天。

4. 产业结构变革

产业结构变革是指一个国家或地区经济中不同产业在总产出和就业中所占比重发生显著变化的过程。产业结构是指一个国家或地区经济中各个产业部门的相对重要性和比重,通常包括第一产业(农业)、第二产业(工业)和第三产业(服务业)。在产业结构变革过程中,不同产业部门的发展态势和地位可能发生变化,新的产业可能兴起,传统产业可能衰退。这种变革通常会引发整个经济体系的调整和重组,对社会经济发展产生深远影响。同时,产业结构变革也为创业者提供了丰富的机会,关键在于创业者要敏锐地洞察市场变化,抓住机遇,勇于创新和实践。

【创业案例2-2】

因丝袜与义乌结缘

安杰诺是佛罗伦萨人，他14岁就到当地袜厂半工半读，当时第二次世界大战结束不久，百废待兴时，有这样的机会非常难得。1974年，安杰诺和妻子艾美丽就办起了丝袜厂，有了自己的品牌，产品主要销往法国、德国等周边的欧洲国家。

2000年开始，他们袜厂明显感受到了意大利国内成本上升带来的压力，也感受到中国到意大利进口袜机越来越多。所以，夫妻俩开始谋求出路，前来中国寻求合作，他们去过广州，到过福建，最后他们在义乌停下了寻觅的脚步。

作为"大买家"，他们的到来，很快受到许多袜厂的关注和欢迎。可惜的是，安杰诺、艾美丽夫妇手里拿着的巨额订单，许多袜厂却不能承接，因为当时义乌绝大多数企业的日子很好过，只要袜子生产出来都不愁销路。而安杰诺夫妇的订单却要求严格，一年到头3个货柜的货都组不到。

2005年，义乌一家立志走向世界的袜业集团，很热情地挽留下安杰诺夫妇。企业还专门安排出供应他们订单的厂区、工人、设备，从产品设计、投料、生产、包装、出口等完全由他们来指导。

根据欧洲市场需求，夫妇俩建议并指导企业实施三大技术改造，可以说影响并带动了整个义乌袜业的一场变革。一是改袜子拼缝"二针四线"为"四针六线"，彻底解决了袜子拼缝连接处的"隆起"问题；二是协助企业实施袜子"有跟定型"，当时绝大多数企业生产的袜子是直筒的，不适合欧洲市场；三是帮助企业引进抽屉式染色机，工人们身穿白衬衫就可以进入染色车间，工作环境大大改善，为企业节省了大量的水电费用，而且解决了染色污染的问题。

这三大技术改造给企业带来了巨大的效益，众多袜业公司纷纷跟进。安杰诺夫妇每年从义乌的出柜量从起初的3个慢慢增加到每年10个、20个、50个、100个，到现在他们每年从义乌发出的袜子货柜已超过150个。

（资料来源：中共义乌市委宣传部编《外国人在义乌的中国梦》）

四、发现创业机会的途径

(一)向"人性思维"要商机

"人性,是暴富的最优解。"市场需求实际上是人的需求,抓住人性就能抓住商机。例如,各种团购,各种"秒杀",以低价实惠的拼多多如今做得这么大,利用的就是人性中的"贪"。各种网购,外卖的出现,淘宝以及美团的巨大销售额,利用的就是人性中的"懒"。

(二)向"逆向思维"要商机

当人们已经形成默契,都在统一做某事的时候,把事情倒过来想,可能就是商机。商业的本质在于"增长",增长的克星是"竞争"。因此很多时候,一定要学会不走寻常路。创业者可

视野拓展

逆向思维到底是什么

以充分利用简单的逆向思维,在这些新兴产业形成的生态中,发现新的需求点,来开启自己的创业之旅,这样会大大降低我们在经济下行环境中的试错成本。优酷、爱奇艺等长视频软件风靡已久,抖音、快手就利用逆向思维,将 15 秒的短视频玩得炉火纯青,成功分到了一块蛋糕。我们每天都将大量时间精力放在微信等社交工具上,来维持熟人社交圈子,而陌陌、探探就利用逆向思维,开创了陌生人社交的模式,也成功占领了市场。当人们习惯于使用由商家发起团购的美团时,拼多多通过逆向思维,开启了由用户根据需求主动发起团购的模式,仅仅三年,拼多多就奔赴纳斯达克上市。

【创业案例 2-3】

陈玲是一家公司的职员,但她不甘心只赚死工资,一直打算自己做点事业。2008 年夏天,在南非经商的表姐回国探亲,她便辞去了工作,随着表姐来到南非的约翰内斯堡寻找商机。

当时,世界杯足球赛即将在南非举办,一种能够发出 123 分贝噪声的叫作"呜呜祖拉"的球迷助威器十分畅销。从早到晚,人们把它吹得震天响,特别是晚上,根本无法入睡,令人苦不堪言。无奈之下,她想到去买一副具有隔音效果的耳塞机,可是,她走了很多地方,都没有发现哪里有卖这种耳塞机。而且,在与当地人攀谈的过程中,她了解到,当地人对这种噪声也很反感,但却没有办法。两件事联系到一起,她忽然就发现了一个巨大的商机,为什么不从中国进口一些耳塞机到南非卖呢?她立即回国组织货源,一次性从中国运了 5 万副耳塞机到南非,一周时间就卖出去了 6000 多副。看到了效果,她向一家企业订购了 100 万副耳塞机,在世界杯期间很快销售一空,她因此获利 400 多万元。

制造噪声的"呜呜祖拉"能赚钱,而逆向思维,用来消除噪声的耳塞机也能赚钱,这就是逆向思维的商机所在。

(资料来源:唐宝民《逆向思维发现商机》,《华人时刊》第 2 期

网址 http://epaper.voc.com.cn/wczm/html/2012-09/06/content_556289.htm)

(三)向"信息差思维"要商机

信息差这东西,是人人都知道,但往往容易忽视它的威力。因为你总会下意识认为:"如今是信息社会,任何信息都趋向透明化,信息差早就缩小了。"但是事实却是:信息爆炸的时代,你所掌握的信息占的比例越来越少了。例如,有人从事自媒体搬运,从 youtube 搬运视频到中国的自媒体平台,赚取平台收益。例如,柚子木字幕组,在哔哩哔哩网站就有 340 多万粉丝,收益可想而知。

(四)向"资源整合"要商机

创业资源整合指创业者对不同来源、不同层次、不同结构、不同内容的创业资源进行识别与选择、配置、有机融合,并创造出新的资源的一个复杂的动态过程。通俗一点讲就是如果没钱就找有钱的合作,如果没技术就找技术人才合作,如果没产品就从像 1688 这样的平台找产品。资源整合就是将所有可以利

用的资源拿来为我所用,自己不用付出本钱就能盈利,哪怕项目失败,也没有什么风险。

【创业案例 2-4】

1. 滴滴打车

滴滴打车是通过手机购买一个私家车搭乘服务的应用。其运作方式如下:用户通过滴滴应用发出打车请求,几分钟内一辆私家车来到面前(该应用能通过全球卫星导航系统追踪定位私家车),打车消费通过网上支付系统自动完成。滴滴打车就是用技术有效地整合了闲散的私家车资源。

2. Airbnb

Airbnb 是一个旅行房屋租赁社区,用户可通过网络或手机应用程序发布、搜索度假房屋租赁信息并完成在线预订程序。它是一家联系旅游人士和家有空房出租的房主的服务型网站,可以为用户提供各式各样的住宿信息。随着 Airbnb 的崛起,中国也出现了很多类似的网站,如爱日租、赶集网旗下的蚂蚁短租、搜房网旗下的游天下、小猪短租等。中国的短租网站对 Airbnb 模式也进行了一些改良,Airbnb 很多是游客和房东住在一起,而中国的短租则主要是利用完全空置的房子。目前,中国的短租市场在未来两三年内仍将处于市场培育阶段,且其门槛较高、投入较大,不太适合普通创业者。因为其目标用户主要为商旅人群,故需要平台区域覆盖较广才会有较好的积累。

(资料来源:根据知乎等网站内容《商业模式分析》整理
网址:https://zhuanlan.zhihu.com/p/24196848)

(五)向"复利产品"要商机

人出卖劳动力赚钱,本质上是出卖时间,但时间只有一份。如果是出卖产品特别是虚拟产品,就可以一次生产,而后卖个千千万万份,边际成本趋近于零。

【创业案例 2-5】

　　最近这几年流行一个项目,制作一个"素材网站",上传各类精美图片、字体、PPT 模板、视频效果等资源,设置各种会员等级,对应相应的下载权限,价格在 300—1000 元不等,然后铺开了去打广告推广宣传。知乎平台的主要营收来源就在于广告,而在知乎的信息流广告中,很大一部分是此类素材网站。此类网站,只有两三个人,运营顺利的话,一年收入可以超过百万元。

第二节　创业机会的发现与评估

一、影响创业机会识别的因素

　　创业机会其实都不是凭空想象出来的,为什么有些人能够发现并抓住商机,而有些人却看不到呢? 很多专家学者都在研究这个问题,目前取得共识的影响创业机会识别因素主要有以下几点:

(一)先前经验

　　在特定产业中的先前经验有助于创业者识别机会。有调查发现,70%左右的创业机会,其实是在复制或修改以前的想法或创意,而不是发现全新的创业机会。先前经验也是决定个人认知能力、创业技能的重要因素之一,因为大多数创业者的创业能力都是基于先前经验而不断成长的。这个因素还涉及一个非常重要的概念,即"走廊原理":创业者一旦创建企业,就开始了一段旅程,在这段旅程中,通向创业机会的"走廊"将变得清晰可见,也就是说,特定产业中的先前经验有助于创业者识别出创业机会。"走廊原理"强调经验和知识对于个体发现和把握创业机会的重要性,个体在特定领域的经验和知识存量越多,就越容易看到并把握该领域内的创业机会,从而实施创业活动。

(二)专业知识

拥有在某个领域更多专业知识的人,会比其他人对该领域内的机会更具警觉性与敏感性。例如,一位计算机工程师,就比一位律师对计算机产业内的机会和需求更加警觉与敏感。

(三)社会关系网络

个人社会关系网络的深度和广度影响着机会识别,这已是不争的事实。通常情况下,建立了大量社会与专家联系网络的人,会比那些拥有少量网络的人容易得到更多机会,也更能洞察市场需求与社会发展的未来走向。

在社会关系网络中,著名的社会学家格兰诺维特(Granovetter)根据互动时间、情感强度、亲密程度、互惠行动几个维度来区分链接强度,将其分为强关系与弱关系。简单来说,强关系就是经常接触和交流的人,弱关系就是并不会在日常生活当中频繁接触和见面的人。在创业机会识别的影响力上究竟是强关系影响大还是弱关系影响大,这是一个不具确定性的问题。研究显示,创业者通过弱关系比通过强关系更可能获得新的商业创意,因为弱关系就是那些泛泛之交,交往的群体规模大,但并不深入。弱关系可以涉及各个职业、阶层、年龄段,所能接触到的信息异质性较强,可以拓宽眼界,发掘更多的潜在机会。

(四)创新思维能力

从某种程度上讲,机会识别实际上是一个创造过程,是不断反复的创造性思维过程。在许多产品、服务和业务的形成过程中,甚至在许多有趣的商业传奇故事中,都能看到有关创新思维的影子。

视野拓展

三种方式的逆向
思维

【创业案例2-6】

　　某高校艺术设计专业的沈子凯，梦想着通过创意设计将生活中很普通的东西变成有趣好玩的产品。毕业后，他在杭州开了一家广告公司，也算是学以致用，他按部就班地实现着自己的创业梦。

　　有一天，一个做创意设计的朋友送给沈子凯一盒酒店用的火柴，这盒火柴黑色的外盒上压着细碎的花纹，火柴又长又粗，与平时看到的火柴完全不一样，朋友说这叫"送财"。这份既漂亮又讨口彩的礼物让沈子凯很高兴，无聊时他常常反复把玩，正是这份不经意的礼物，让他想起了曾经的创意产品计划，他决定改行卖火柴。

　　沈子凯认为：当打火机满天飞，人人都在用的时候，原来的个性和时尚就变成了平庸与无趣。当大家都在玩时，这个东西往往就不再好玩了。

　　经过一番思考和市场调查，沈子凯离开了一手创办的广告公司，注册了一家艺术创造社，专心开发艺术火柴。不久后，沈子凯正式注册了艺术火柴商标，三个月后开始销售，并在第四个月正式开始加盟连锁。最后发展有近百个经销商，艺术火柴让沈子凯赚得百万身家。这种时尚精美的火柴，在许多旅游景区广受欢迎。

　　（资料来源：根据今日头条网站资料《杭州男孩为一盒火柴转行，创办纯真年代引发新潮流》整理
网址：https://www.toutiao.com/article/6592101467568472589/？wid=1720012142274)

二、创业机会的识别过程

　　希尔斯（Hills）、施雷德（Shrader）和伦普金（Lumpkin）提出以创造力为基础（creativity-based）的多维度机会识别过程模型，该模型将机会识别分为以下五个阶段：

　　(1)准备阶段（preparation），指知识和技能的准备，这些知识和技能可能来自创业者的个人背景、工作或学习经历、爱好以及社会网络。

（2）沉思阶段（incubation），指创业者的创新构思活动，这一过程不是有意识地解决问题或系统分析，而是对各种可能和选择的无意识考虑。

（3）洞察阶段（insight），指创意从潜意识中迸发出来，或经他人提点，被创业者所意识，这类似于问题解决的领悟阶段，可以用"豁然开朗"来形容。

（4）评估阶段（evaluation），即有意识地对创意的价值和可行性进行评定和判断，评估的方式包括初步的市场调查、与他人进行交流以及对商业前景的考察。

（5）经营阶段（elaboration），指对创意进一步细化和精确，使创意得以实现。

三、创业机会的评估

（一）市场评估准则

1. 市场定位

一个好的创业机会，必然具有特定市场定位，专注于满足顾客需求，同时能为顾客带来增值的效果。因此评估创业机会的时候，可由市场定位是否明确、顾客需求分析是否清晰、顾客接触通道是否流畅、产品是否持续衍生等，来判断创业机会可能创造的市场价值。创业带给顾客的价值越高，创业成功的机会也会越大。

2. 市场结构

针对创业机会的市场结构进行六项分析，包括进入障碍、供货商、顾客、经销商的谈判力量、替代性竞争产品的威胁，以及市场内部竞争的激烈程度。由市场结构分析可以得知新企业未来在市场中的地位，以及可能遭遇竞争对手反击的程度。

3. 市场规模

市场规模大小与成长速度，也是影响新企业成败的重要因素。一般而言，市场规模大者，进入障碍相对较低，市场竞争激烈程度也会略微下降。如果要进入的是一个十分成熟的市场，那么纵然市场规模很大，由于已经不再成长，利润空间必然很小，因此这项新企业恐怕就不值得再投入。反之，一个正在成长中的市场，通常也会是一个充满商机的市场，所谓水涨船高，只要进入时机正确，必然有获利的空间。

4. 市场渗透力

对于一个具有巨大市场潜力的创业机会，市场渗透力（市场机会实现的过程）评估将会是一项非常重要的影响因素。聪明的创业者知道选择在最佳时机进入市场，也就是市场需求正要大幅成长之际。

5. 市场占有率

从创业机会预期可取得的市场占有率目标，可以显示这家新创公司未来的市场竞争力。一般而言，成为市场的领导者，需要拥有20％以上的市场占有率。但如果低于5％的市场占有率，则这个新企业的市场竞争力虽然不高，自然也会影响未来企业上市的价值。尤其是具有赢家通吃特点的高科技产业，新企业必须拥有市场前几名的能力，才比较具有投资价值。

6. 产品的成本结构

产品的成本结构，也可以反映新企业的前景是否亮丽。例如，从物料与人工成本所占比重之高低、变动成本与固定成本的比重，以及经济规模产量大小，可以判断企业创造附加价值的幅度以及未来可能的获利空间。

(二)效益评估准则

1. 合理的税后净利

一般而言，具有吸引力的创业机会，至少需要能够创造15％的税后净利。如果创业预期的税后净利是在15％以下，那么一般来说这就不是一个好的投资机会。

2. 达到损益平衡所需的时间

合理的损益平衡时间应该能在两年以内达到，但如果三年还达不到，恐怕就不是一个值得投入的创业机会。不过有的创业机会确实需要经过比较长的耕耘时间，通过这些前期投入，打破进入障碍，保证后期的持续获利。在这种情况下,可以将前期投入视为一种投资,这样才能容忍较长的损益平衡时间。

3. 投资回报率

考虑到创业可能面临的各项风险,合理的投资回报率应该在25%以上。一般而言,15%以下的投资回报率,是不值得考虑的创业机会。

4. 资本需求

资金需求量较低的创业机会,投资者一般会比较欢迎。事实上,许多个案显示,资本额过高其实并不利于创业成功,有时还会带来稀释投资回报率的负面效果。通常,知识越密集的创业机会,对资金的需求量越低,投资回报反而会越高。因此在创业开始的时候,不要募集太多资金,最好通过盈余积累的方式来创造资金。而比较低的资本额,将有利于提高每股盈余,并且还可以进一步提高未来上市的价格。

5. 毛利率

毛利率高的创业机会,相对风险较低,也比较容易取得损益平衡。反之,毛利率低的创业机会,风险则较高,遇到决策失误或市场产生较大变化的时候,企业很容易就遭受损失。一般而言,理想的毛利率是40%。当毛利率低于20%的时候,这个创业机会就不值得再考虑。软件业的毛利率通常都很高,所以只要能找到足够的业务量,从事软件创业在财务上遭受严重损失的风险相对会比较低。

6. 策略性价值

能否创造新企业在市场上的策略性价值,也是一项重要的评价指标。一般而言,策略性价值与产业网络规模、利益机制、竞争程度密切相关,而创业机会对于产业价值链所能创造的价值效果,也与它所采取的经营策略与经营模式密切相关。

7. 资本市场活力

当新企业处于一个具有高度活力的资本市场时,它的获利回收机会相对也比较高。不过资本市场的变化幅度极大,在市场高点时投入,资金成本较低,筹资也相对容易。但在资本市场低点时,投资新企业开发的诱因则较低,好的创业机会也相对较少。不过,对投资者而言,市场低点的成本较低,有的时候反而投资回报会更高。一般而言,新创企业的活跃的资本市场比较容易创造增值效果,因此资本市场活力也是一项可以被用来评价创业机会的外部环境指标。

8.退出机制与策略

所有投资的目的都在于回收,因此退出机制与策略就成为一项评估创业机会的重要指标。企业的价值一般也要由具有客观鉴别能力的交易市场来决定,而这种交易机制的完善程度也会影响新企业退出机制的弹性。由于退出的难度普遍要高于进入,所以一个具有吸引力的创业机会,应该要为所有投资者考虑退出机制,以及退出的策略规划。

第三节　创业风险的识别

【创业案例 2-7】

执御(JollyChic)是 2012 年成立于浙江的综合电商平台,和其他的电商平台面向中国国内市场不同,执御从成立的第一天起,就瞄准了另外一个更有发展潜力的蓝海市场:中东。进入中东市场后,执御很快就通过和当地网红合作、大量投放广告等方式不计成本地为自己造势,很快获得不少当地用户的关注。

到了 2017 年,执御的营收从 2014 年的 1 亿元一路飙升到 2017 年的 50 亿元,三年涨了 50 倍,在整个世界电商史上,都是绝无仅有的奇迹。2017 年底,执御在中东拥有 3500 万用户,这是一个非常夸张的数据——这个数据占到了当时整个中东互联网用户的八成!"中东淘宝"执御也成为中东知名度最高、GCC 国家中排名第一的移动电商平台。

最辉煌的时候,执御平台一天要处理 50 万票货,也吸引了越来越多中国国内供应商进驻执御平台。

随着公司业务量的扩大,公司的规模也不断膨胀。光是 2019 年一年,执御的公司员工就从 200 多人迅速扩张至 3000 多人,一年"扩容"了 10 多倍!但是也正是从 2019 年起,执御已经呈现出明显回落的态势。很显然,执御也意识到了这个问题,它也很快就找到了症结所在:平台的自营模式出了问题。所以,为了能够在海外电商的这条路上继续掘金,这一年,执御宣布从自营为主转向平台开放计划(Platform Open Plan,POP)平台的转型。

应该说,从大方向来看,执御两年前的这次转型并没有什么太大的问题:中国的京东,还有近几年在海外发展得红红火火的 SHEIN 等,走的都是这条路子。但是,京东做开放平台的前提是其物流优势已成为和其他平台相比而形成的核心竞争优势,SHEIN 开放的背后是超高的换新率和性价比优势维持着用户不低的复购率。而执御虽然这些年在中东也发展得不错,但是到现在还没有形成一个完整的电商生态。也就是说,支持执御继续发展的根基,一直没有打造出来。这时候,执御扩张得越快,倒下就越迅速。

有人说新冠疫情暴发后,受海湾六国的封国政策,居民预期收入减少,服饰类非必需品派送时长不稳定,成功率骤降,拖欠的供应商货款也越来越多,执御在中东的发展面临了史无前例的阻力。但是疫情当然不是执御发展受挫的主要理由。因为事实上,在同样的背景下,曾经被执御碾压的亚马逊中东实现了全年 26% 的增长,执御的主要对手更是获得了 2 倍到 8 倍的疯狂增长!

(资料来源:根据电商报 Pro 微信公众号文章《又一电商巨头轰然倒下,曾在中东碾压亚马逊!》整理
网址:https://mp.weixin.qq.com/s/lnYYBcL2mb-mkXEOoC4sWQ)

一、系统风险与非系统风险

创业风险是来自创业活动有关因素的不确定性。在创业过程中,创业者要投入大量的人力、物力和财力,要引入和采用各种新的生产要素与市场资源,要建立或者对现有的组织结构、管理体制、业务流程、工作方法进行变革。这一过程中必然会遇到各种意想不到的情况和困难,从而有可能使结果偏离创业的预期目标。创业中的风险主要分为系统风险和非系统风险。

(一)系统风险

系统风险是指由于创业外部环境的不确定性引发的风险。系统风险是由共同因素引起的。例如,经济方面的利率、汇率、通货膨胀、宏观经济政策与货币政策、能源危机、经济周期等,还有政治方面的政权更迭、战争冲突等。系统风险一般不是个别企业或者行业所能控制的。

(二)非系统风险

非系统风险是指非外部因素引发的风险,即与创业者、创业投资行业、企业相关的不确定因素引发的风险。例如,公司的经营管理、财务管理、市场销售、重大销售等因素的变化都会影响公司的业绩。

二、国际学生面对的创业风险

(一)资金风险

国际学生无论是从事传统进出口贸易、跨境电子商务还是开一家民族特色餐厅等,都需要一定的启动资金。据调研,一般的创业者创业启动资金大部分来自家庭,其次是银行与朋友,是否有足够的资金创办企业支持日常运作是国际学生创业者遇到的第一个问题。对于初创企业来说,如果连续几个月入不敷出或者因为其他原因导致企业的现金流中断,都会给企业带来很大的威胁。相当多的初创企业往往因为资金紧缺而严重影响业务拓展。对于国际学生而言要充分利用国内外的创业资源,如果资金不多则先从启动资金不多、人手配备要求又不高的项目做起,从小本经营做起会比较合适。

(二)管理风险

国际学生无论是在中国或者回国创业,其多元的文化背景和社会资源是其创业的优势,但是其在企业管理、产品营销、沟通、理财等方面的能力普遍不足。所以国际学生创业不妨先从家庭创业、合伙创业或者从创业实践体验活动等开始,锻炼创业能力。许多创业失败者大多是管理方面出了问题才导致创业失败的。

(三)竞争风险

如何面对激烈的竞争是每家企业都要考虑的事情,对于新创企业来说更是如此。比如国际学生很多会选择传统外贸行业,但是这个行业事实上竞争非常激烈,而且随着互联网电子商务的发展,很多产品价格几乎透明,利润大幅下降。那么考虑好如何应对同行竞争是新创企业生存的必要准备,如果要把企业做大做强,则一定要有自己的核心竞争力,核心竞争力越强,竞争风险越小。

(四)团队建设风险

初创企业在创办过程中最主要的力量来自创业团队,一个优秀的团队才能让企业快速成长起来。但是风险也蕴含其中,团队力量越大,产生的风险越大。国际学生毕业后留在中国创业,创业团队的文化背景很有可能比较多元,不同国家和地区的人有着不同的价值观和工作习惯,可能导致冲突和分歧,影响团队的凝聚力和效率。国际学生创业时还会遇到语言障碍和文化差异,导致沟通困难、理解误解,影响团队协作和合作。

(五)政策及法律风险

国际学生由于其身份的特殊性,在创业过程中还要承担宏观国际政策的影响,例如,国际学生在创业过程中要时刻关注国与国之间的贸易政策、海关政策、税收政策、签证政策等,这些政策的变动将直接影响其从事跨境贸易。再者,每个国家之间的商务法律法规一般都会存在比较大的差异,国际学生由于其语言能力不足或对贸易国法律政策不了解,很容易在从事国际贸易过程中不慎违反了法律法规,导致创业遇上相关问题。

【创业案例2-8】

　　来自坦桑尼亚的学生小丽(化名)本科毕业后来到中国留学,想在中国寻找新的发展机遇,她听自己的一个非洲朋友说义乌是个不错的地方,有很多外国人都到义乌来采购小商品,然后卖到世界各地。她听后很心动,所以先申请了义乌当地一所大学学习中文,在课余时间也会去市场转转。她被市场上琳琅满目的商品深深吸引,立志毕业后也要从事进出口贸易。很快就到小丽毕业的时间了,她在毕业前就准备好了所有注册外贸公司的材料,并通过父母的赞助准备好了开公司的启动资金,一毕业很快就申请注册了自己的公司,拿到了居留许可,想着一定可以大干一场。虽然她每天忙着到市场拍照、询单,并通过自己国内的亲戚朋友在自己国家找客户,但是努力了近半年,生意还是毫无起色,爸妈的赞助资金也用得差不多了。更糟糕的是,出入境检查机关有一次到公司注册地抽查,由于她的公司没有任何进出口贸易的流水记录,按照相关政策规定,她会被限期取消居留许可证,小丽的第一次创业就这样失败了。

巩固复习

第二章

课后思考题

一、基本概念

创业机会　创业风险　系统风险　非系统风险

二、简答题

1.有效的创业机会应该具有什么样的特征？

2.创业机会的主要来源有哪些？

3.你认为发现创业机会主要有哪些途径？

4.影响创业机会识别的因素主要是什么？

5.你认为国际学生在创业时主要的创业风险有哪些？

第三章　创业者与创业团队

1. 了解创业者需要具有的素质及评价。
2. 掌握创业者的创业动机、素质和能力。
3. 了解创业团队的特征及其建设。
4. 提高对创业团队的管理与激励的认识。

案例导入

　　阿桑(化名),也门人,2016年3月从杭州某大学毕业后来到义乌开公司创业。刚开始公司只有他一个人,大小事务都是由他一个人来完成。他感到每天都很疲惫,忙的时候根本顾不过来,而且也严重影响到了公司业务的进一步扩展。于是,他决定邀请自己的也门好友阿约伯和中国朋友小王一起加入他的公司。阿约伯刚大学毕业,但是他已经有三四年的外贸业务经验了,因为他的哥哥一直在义乌开公司,课余时间他常常帮哥哥打理家族生意。毕业后他并不想留在哥哥公司工作,他想凭自己的实力找工作或创业。中国朋友小王则是阿桑刚来义乌时认识的一家外贸工厂的业务员,为人踏实肯干。小王的原有工厂由于老板调整了业务范围将所有业务搬到江苏去了,但小王由于家人都在义乌便不想跟到江苏去。阿桑召集他们两人一起进行探讨,三人一拍即合,为了提高另外两名团队成员的积极性,阿桑还拿出了公司共10%的股份激励他们。在三人的共同努力下,公司的年销售超过了6000万元人民币,现在已经是一家有8

个核心团队成员、20 多个员工的进出口外贸公司了。

第一节 创业者的动机、素质与能力

在结束学业之时,创业毫无疑问地成了很多国际学生立足中国、成就梦想的最佳选择之一。然而是否走上创业道路、能否在创业大道上取得成功,这不仅和社会环境有着紧密的联系,还与创业者个人的能力与素质、自身存在的优势有着极为密切的关系。

一、创业者的动机

创业者进行创业的动机不外乎以下几类:

(一)生存需要

有人说:我们一要生存,二要温饱,三要发展。生存是人类的第一需要。当一个人失去就业的机会,为了养家糊口、暖衣饱食,就不得不发愤创业。国际学生一般是成年之后来到中国留学,在留学期间学习自己独立,毕业后也会面临就业或者创业的选择。在中国或者回到母国,虽然也有就业机会,但还是会有很多国际学生不一定能找到自己心仪的工作,所以为了养活自己,都会选择自己创业。

(二)利益驱动

有这样一类人,他们觉得为别人打工、拿死工资很难脱贫致富,也很难摆脱房奴车奴的生活。他们还向往创业名家身上的财富光环,为了积累更多的财富,他们走进了创业的行列。这里所言并非拜金主义。只要诚信诚实合法,纯粹以赚大钱为目的的创业动机无可厚非。

(三)积累学识

书本知识都是前人的认知积累,亲自实践获得的知识比间接经验要深刻通透得多。有一类人,他们为了增加自己的实践经验、丰富自己的社会阅历,或者为了自己以后的发展、实现自己的某个目标做好经济上的准备,在条件成熟的情况下,会利用课余或业余时间走上创业的道路。他们的动机往往很单纯,不掺杂任何物质功利因素,创业者本身也没有生活压力,就是为了自己由单纯走向成熟。

(四)实现理想

心理学研究表明:25—29岁是创造力最为活跃的时期,这个年龄段的青年正处于创造能力的觉醒时期,对创新充满了渴望和憧憬。他们思维活跃、创新意识强烈,同时所受的约束和束缚较少。很多国际学生到中国留学的目的就是来中国寻找发展的机遇,他们既可以利用母国的资源,也可以利用中国的资源,实现自己的人生梦想。

那么对于国际学生来说,选择在中国创业的动机一般包含以下几点:

第一,国际化视野:许多国际学生在中国留学期间,接触到了不同的文化和市场,他们希望能够利用自己的国际化视野,将在国外学到的知识和经验应用到中国市场,同时也希望能够将中国的产品和服务推向国际市场。

第二,市场机会:中国作为全球最大的市场之一,吸引了许多国际学生看中其庞大的消费群体和快速增长的经济。许多国际学生看到了在中国市场开展业务的机会,希望能够利用中国市场的潜力来实现自己的创业梦想。

第三,人才需求:中国市场对于外语能力和国际视野的人才有着不断增长的需求。国际学生看到了这样的机会,希望能够在中国市场发挥自己的优势。

第四,国际合作:一些国际学生希望能够与其他国家的企业和机构合作,共同开拓国际市场,实现互利共赢的目标。他们希望能够利用自己的国际化背景和优势,拓展海外市场,实现自己的创业目标。

阅读材料

上天给了温州一个贫穷的起点,20年前,"平阳讨饭,文成人贩,永嘉逃难,洞头靠贷款吃饭",温州的空气里充满了贫穷与饥荒的信息。20年后,"十万元是贫困户,百万元才起步,千万元才算富"。温州人"穷得只剩下钱了"。温州商人在浙江乃至全中国都以他们强大的资本动员能力而闻名。他们具有敏锐的经商嗅觉,在商机把握上总是能先行一步。

创业过程中最常见的问题有三个:①资金问题;②信息资源;③管理能力。这些问题,在温商面前很自然地不成问题。他们通过"以资金为纽带联合打拼""借鸡生蛋""虚拟经营"等经商法则轻松地解决了资金问题;他们凭借无处不在的商会网络及时地获取最新的商业信息;人才是挖掘不尽的宝藏,他们通过自身不断地学习和外部人才的引入强化了组织的管理能力。

二、创业精神

创业精神(Entrepreneurship)是一个过程,是指在创业者的主观世界中,那些具有开创性的思想、观念、个性、意志、作风和品质等,而创业精神的显性表征是许多人都会流露出想要创业的意愿。创业精神的内涵主要包括:

(一)远大理想——兴奋源泉

每一个成功创业者都是一个绝对的梦想家。比尔·盖茨在创业之初的梦想就是让每个家庭都能用上互联网;飞机的发明源于福特兄弟"人类也能在天空中像鸟一样飞翔"的梦想……历史上每一个伟大的企业都是起源于创业者的一个伟大梦想之中。如果你想创业,就一定要先给自己确定一个具有强烈吸引力的大梦想、大目标,这个梦想一定要能让你兴奋。

(二)坚强意志——成功保障

坚强的意志包括了坚持、专注以及克制诱惑的能力。很多实例证明,创业者不断坚持的精神能够解决任何问题。在管理学中有这样一句名言:"创业途中如果有今天、明天、后天,大多数人往往都死在了明天晚上,而后天,太阳才会出来。"这是一种不幸与悲哀,因此,只要创业者坚持的方向是符合历史发展规律的,对人们有益的,坚持下去就一定会有不错的结果。拥有坚强的意志,是创业者获得成功的有力保障。

(三)积极心态——发现机会

积极的心态是创业成功者必须具备的精神品质。毫无疑问,创业是一个机遇和挑战并存的过程,只有拥有积极的思维模式和人生态度,才能从事物的两面中取正弃负,发现更多的机会。

(四)敢为气魄——必备品质

虽然创业的过程对于很多人来说是一个充满激情与喜悦的过程,但它也同样是一个充满风险、艰辛与坎坷的过程。从风险的角度来说,创业的过程实际就是一种不断挑战风险的过程,是一种风险与收益博弈的过程。真正的创业者不是要万无一失地去做事情,而是要去尽量规避风险获得高回报。所以,拥有敢为人先的气魄,是创业者必须具备的精神品质。

(五)诚信态度——精神基石

诚信是创业者精神的基石,也是创业者的立身之本。在创业者修炼领导艺术的所有原则中,诚信是绝对不能妥协的原则。市场经济是法治经济,更是信用经济、诚信经济。没有诚信的商业社会,将充满极大的道德风险,会显著抬高交易成本,造成社会资源的巨大浪费。

(六)善于合作——精华所在

小富靠个人,大富靠团队。合作是创业者精神的精华。正如艾伯特·赫曼所言:创业者在重大决策中实行集体行为而非个人行为。尽管伟大的创业者表面上是一个人的表演,但真正的创业者其实是擅长合作的,而且这种合作精神需要扩展到企业的每个员工。

(七)承担责任——甘于奉献

伟大的创业者不是完全为了实现个人的财富梦想而创业的,而是为了帮助普通人实现自己的梦想的责任而努力的人,创业精神中也包括创业者必须承担社会责任并且拥有一种甘于奉献的精神。一个人创业所做的事业,应该把实现社会价值和赚取阳光财富结合起来,成功的创业者应该是一个有社会责任感的人。

(八)超强适应——精神力量

成功的创业者一定要有超强的适应性,不但能够适应艰苦的生活,也同样要能够适应成功和富足,特别是在很多暂时取得阶段性成功的时候,一定不能被胜利冲昏头脑,只有迅速适应新的环境,将自己及企业的状态调整到符合新情况的状态,才能使企业一直走在正确的道路上,这也是一个成功的创业者必须具备的精神力量。

【创业案例 3-1】

从无到有,从有到优的峥嵘创业路

穆德,来自约旦,浙江盈帆贸易有限公司董事长。2002 年,穆德带着上大学时打工挣来的 4000 美金来到义乌,做起了外贸生意。20 年里,穆德从一间不起眼的办公室开始,一步一个脚印,创立了自己的公司和品牌,现有员工 1700 多名,国外代理商也由最初的 6 名发展到现在的 300 多名。2003 年,虽然他经历了一次失败,当时身无分文,但是他始终没有放弃,从头开始,自己亲自开车去工厂,下单、接单、验货、装柜,就这样坚持了 7 年,生意逐渐形成规模。穆德组建了自己的设计研发团队,不断开发新产品,旗下已经有了包括 SMTOP 的四个品牌,其中 SMTOP 品牌在阿尔及利亚市场占有率第一。与此同时,穆德在全球 70 多个国家注册了商标。2020 年初,他更是开辟新的销售渠道,开拓线上市场。如今,他已经把义乌市场的商品出口到了约旦、阿尔及利亚、坦桑尼亚、摩洛哥等 13 个国家和地区,年出口量

达千余个集装箱。穆德的创业故事得到了约旦哈希姆王国驻华大使胡萨姆·侯赛尼先生的高度评价,侯赛尼先生为穆德的成就和他为约旦跟中国的关系所做的一切感到特别自豪,他坚信这些在义乌的约旦商人促进了中国和约旦两国之间的友好关系。

携手抗疫,共克时艰渡难关

2020年2月,受新冠疫情影响,穆德公司的集装箱留滞在阿尔及利亚港口,而员工都处于居家隔离状态,不能处理紧急情况。义乌市商务局了解情况后,在落实疫情防控措施的前提下,马上为公司员工办理出入许可证,解决企业的燃眉之急。商务、外事等部门经常送服务上门,了解、解决企业复工复产的困难;宣传讲解税收优惠政策和补贴政策,减缓特殊时期公司经营的压力,义乌暖心周到的服务让穆德在这座城市有了家的感觉。多年来,义乌市政府一直致力于深化"三服务",加强与企业间的联系,为企业排忧解难,努力搭建中外合作交流平台,优化营商环境,助力国际贸易繁荣。

穆德说自己刚到中国时也不过是一个"穷小子",是义乌给了他机会,让他变成与全球做生意的"大老板"。他特别感谢义乌,所以他自己想为义乌、为中国做点什么。2020年初中国新冠疫情初期,穆德在阿尔及利亚采购了600个N95口罩和3000个医用口罩,通过航空快递方式捐给义乌市政府,并向义乌红十字会捐款8万元人民币用于抗击疫情。2022年8月,义乌面临新的新冠疫情挑战,看到医务人员、社区工作者和志愿者不分昼夜坚守在一线,穆德又采购了8万元左右物资,赠送给江东街道、福田街道等单位。雪中送炭捐物资,穆德用自己的方式回报着这个温暖的城市,为守护着他的第二个家奉献自己的力量。

(资料来源:《自远方来 义乌外国友人佳话集》,
义乌市人民政府外事办公室、义乌市文学艺术界联合会编)

三、创业者的素质和评价

香港创业学院院长张世平曾给创业者下过一个定义:创业者是一种主导劳动方式的领导人,是一种无中生有的创业现象,是一种需要具有使命、荣誉、责任能力的人,是一种组织、运用服务、技术、器物作业的人,是一种具有思考、推理、判断的人,是一种能使人追随并在追随的过程中获得利益的人,是一种具有完全权利能力和行为能力的人。

(一)创业者的素质

开创事业,创业者需要具备必要的素质,素质是能力发展的基础。所谓创业者的素质指在创业行动中创业者所需具备的各种特性的总和。创业者的人格特质、管理技巧、人际关系以及环境因素,是影响中小企业创业成功的最主要因素。

阅读材料

改革开放40年,是浙江民营经济发展史,也是浙商的成长创业史。浙商群体大多发达于20世纪90年代,刚刚赶上计划体制向市场经济转轨时期。他们抓住了转轨期隐藏的巨大机遇,变成了今天的富豪。他们大多没有靠山,没有银行贷款,全靠白手起家,他们身上具有一些可贵的优秀品质,比如节俭、勤劳、精明等。浙江001电子集团的董事长项青松戴的手表才68元,身上衣服也不过是几十元钱买来的。飞跃集团董事长邱继宝一家人至今仍住在公司的仓库里,他认为:"年轻时为了赚钱糊口,我用自行车送客,还去东北补了三年鞋。而现在,钱对于我来说只是一个符号,没有其他意义。我所有的心思都是为了早日建成世界级优秀缝纫机制造企业,根本没空去想什么物质享受。吃饭是为了填饱肚子,睡觉是为了恢复体力。在这点上,穷人富人都一样。"

(二)创业者的素质类型

创业者的素质可以运用RISKING模型进行分析和描述,如图3-1所示。

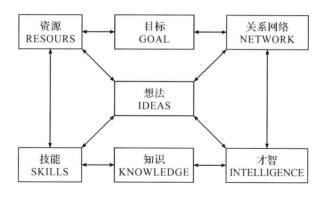

图 3-1　RISKING 模型

资源（Resours）：创业者要具备一定的经验、教育背景、资金积累、时间、精神和毅力。

想法（Ideas）：创业者要能够提出可行的概念。生意概念不怕旧，关键是要可行，可以持续经营。一个优秀的创业者，最需要、最有价值的能力就是创意能力，以及将创意付诸实施、转变为结果的能力。

技能（Skills）：创业者需要具有基本技能，包括行业性技能和管理技能。这些技能一定是实用的。

知识（Knowledge）：创业者需要具有行业知识，对所从事行业有较充分的了解。创业过程不同于一般的企业管理，经常面临各种特殊问题，要求创业者具备比较全面的知识，如行业知识、专业知识、商业知识、法律知识、财务知识等。

才智（Intelligence）：创业者需要有分析问题和解决问题的独特思维，需要培养良好的商业嗅觉；创业者要具有机会敏感性，善于识别和把握机会，做出满意的决策。

关系网络（Network）：创业者要具备建立良好人脉网络，处理人际关系，获取更多帮助和支持的素质。但关系网络不能狭隘地等同于拉关系、走后门。

目标（Goal）：创业者要将个人目标和创业目标统一起来，能够做出清晰、具体的描述，同时能够制定不同阶段的切实可行的目标。

将七个条件的首字母组合在一起，恰好是"RISKING"，即"冒险"一词，这也反映出创业的风险。

四、创业者的能力

创业者是企业的管理者和团队的负责人，没有能力的创业者无法吸引优秀的合作者，也无法带领团队走向成功。创业者的能力主要包括决策能力、协作能力、抗压能力、社交能力、规划能力、创新能力、管理能力和洞察能力等。

（一）决策能力

决策能力是创业者根据主客观条件，正确地确定创业的发展方向、目标、战略及具体的实施方案的能力。国际学生要创业，首先要从众多的创业目标及方向中进行分析比较，选择最适合自己及团队特长和优势的方向、途径、方法。在创业过程中也要能从复杂的现象中发现事物的本质，找出真正的问题，分析原因，从而正确处理问题。只有具备了这种决策判断能力，创业者才能带领团队克服创业路上的各种困难，从而走向成功。

（二）协作能力

视野拓展

"一个好汉三个帮"，创业是一件具有挑战性和压力的事情，如果只是靠创业者一个人是很难成功的。要成为一名出色的创业者必须结交自己身边有着共同理想的朋友或同学，协作能力是每位创业者必备的能力。除此之外，国际学生创业者还要妥善处

俞敏洪谈创业
八大能力

理与外界的关系，争取到政府相关部门、学校等各方面的支持，团结一切可以团结的力量。

（三）抗压能力

创业道路上会有难以想象的情况出现，抗压能力是一个创业者必备的能力之一。对创业者来说，肉体上的折磨可能不算什么，精神上的折磨才是致命的。如果自己有心创业，一定要在心里问一问自己，如果遇到最差的情况，自己是否可以从容面对肉体和精神上的双重折磨，是否能扛住压力。

（四）社交能力

对于国际学生创业者来说,利用人脉扩大社交圈,通过朋友、同学、老乡、熟人掌握更多的信息、寻求更大的发展,是成功创业的捷径。一个创业者如果不能在最短时间之内建立起自己最广泛的人际网络,那么他的创业也一定会非常艰难。创业者要充分利用身边的外部资源,例如,老乡资源,中国历史上最成功的两大商帮——徽商和晋商,不管他们走到哪里,都是齐心协力,众志成城的。国际学生来到中国求学,在求学路上肯定会遇到来自同一个国家或地区的同学或朋友,一定要充分利用这一外部资源。

（五）规划能力

商场如战场,创业应该是一场有计划有准备的活动,切不可毫无规划就放手大干一场。没有相关创业经验的国际学生,有了创业的想法,首先应该按照创业规划撰写创业计划书,其次反复论证创业项目的可行性。

（六）创新能力

创业的本质是创新,对过往商业模式的完全复制是没有办法长期赢得市场和利润的,创业者必须能够根据市场需求及时调整和不断创新,才能带领团队取得成功。

（七）管理能力

管理能力是指对人力、物力、财力等的管理能力,它不仅涉及人员的选择、使用、组合和优化,也涉及资金的聚集、核算、分配和使用及流动。管理能力是一种综合能力,要从学会经营、学会管理、学会用人和学会理财这几个方面去努力。

（八）洞察能力

创业需要洞察、发现和解决需求。作为一名创业者对于外界的变化要敏感,尤其是对商业机会要做出快速反应。洞察能力是一种全面、正确、深入地分析和认知客观现象的能力,如果国际学生要成为一名成功的创业者,那么平时就要加强学习,要像训练猎犬一样训练自己的商业嗅觉,全面洞察市场、产品和消费者及竞争者。

【创业案例3-2】

　　王先生掌握了一项高新生产技术,很冲动地找了一个投资人,希望结合他自己的技术和对方的资金开办一家企业。但是一心想要创业的王先生被热情冲昏了头脑,没有及时申请专利,匆匆忙忙地与投资人签订了一份不平等合同。等投资人完全掌握了他的技术后,王先生最终因失去价值而被企业吃掉。

　　通过上述案例可以看到,有不少人想创业只是凭借一时冲动,其实未必真的有这个实力。如果王先生多一点人生阅历和法律知识,就会更加熟悉市场竞争的游戏规则,就能掌握主动权。想做老板,创业是一条捷径,如果你有创业的基础和实力,你就会比别人更快取得成功;但创业也是一个陷阱,如果你没有创业的基础和实力,你就会掉入创业的陷阱难以逃脱。

（资料来源:《创业绝对不能赶时髦》,摘自实体店营销研究社微信公众号

网址:https://mp.weixin.qq.com/s/kGAiCPaYZ329ZfxVzHE2_Q）

第二节　创业团队的建设

一、创业团队的含义及特征

(一)创业团队的含义

创业团队的概念有广义和狭义之分。

狭义的创业团队是指有着共同的目的、共享创业收益、共担创业风险的一群创建新企业的人;广义的创业团队不仅包括狭义的创业团队,还包括与创业过程有关的各种利益相关者,如风险投资家、专家顾问等。

一般来说,创业团队指由两个或两个以上具有一定利益关系的,彼此通过分享认知和合作行动以共同承担创业责任并处在新创企业高层主管位置的人共同组建形成的有效工作群体。

在进行创业活动之前,创业者都会面临创业团队的配置问题。汉布瑞克(Hambrick)等人认为:"企业的战略性绩效,并不是简单地取决于首席执行官个人的个性、行为和背景,而是取决于全体高层执行团队成员的个性、行为和经验,以及他们合作共事所发挥的优势。"所以创业团队的配置对于团队能否成功,创业能否顺利发展,起着至关重要的作用。在一个企业中,一个员工的作用可能是某台机器或者这台机器中的某个零部件,而团队则是这些机器或零部件的组合。一台机器通常是做不出产品的,单独的一个零部件更发挥不了作用,只有组合在一起才能使各个组成部分的作用得到充分发挥。

视野拓展

如何与合作人相处

【创业案例 3-3】

小米公司是一家专注于高端智能手机自主研发的移动互联网公司,经过短短几年的发展已经在手机行业及其他智能产品行业开创了一片天地,优秀业绩的取得离不开公司背后所拥有的一个非常优秀的团队。公司核心人物雷军于 1992 年加入金山软件,1998 年出任金山软件首席执行官。2007年,金山软件上市后,雷军卸任金山软件总裁兼首席执行官职务,担任副董事长。

过去几年,雷军作为天使投资人,投资了凡客诚品、多玩、优视科技等多家创新型企业。其他主要团队成员如下:

林斌	总裁,前谷歌中国工程研究院副院长
黎万强	副总裁,前金山设计总监金山词霸总经理
周光平	副总裁,前摩托罗拉北京研发中心高级总监
刘德	副总裁,前北京科技大学工业设计系主任
黄江吉	副总裁,前微软中国工程院开发总监
洪峰	副总裁,前谷歌中国高级产品经理

这些高水平的团队成员具有过硬的专业能力和在各个领域内的广泛的社会关系,都曾经供职于微软等知名互联网企业,与创始人雷军正是强强联合,共同组成了一支优秀的创业团队。

小米公司在创始之初就提出了成为世界500强公司的期望,并明确了"使手机取代计算机"的愿景。各个领域的优秀成员被同样的愿景打动,使他们能够凝聚在一起共同奋斗。同时,小米公司的创业团队成员之间没有严格的等级界限,他们营造了一种轻松的伙伴式工作氛围,相互之间自由交换意见,传递信息,共同解决问题,使得整个团队的运作非常高效,很快适应了新的行业和市场需求,取得了惊人的成绩。

(资料来源:根据360文库"小米创业团队资料"整理

网址:https://wenku.so.com/d/2c17c798127c7ca541569d20d342c4af)

(二)创业团队的特征

创业团队具有以下鲜明的特征:

1. 共同的愿景

愿景是凝聚团队力量的一个很重要的因素。愿景就像是一个未来的蓝图,或是一个清楚而令人振奋的目标。有了愿景,不仅可以让大家有一个明确的方向和目标,还能激发大家的潜能。不管是遇到多少挫折与失败,还是出现团队成员之间的相互摩擦,愿景就是这些摩擦与困难之间的润滑剂。

2. 团队利益第一

每一位成员都应将团队利益置于个人利益的前面,而且充分认识到,个人利益是建立在团队利益的基础之上的,因此团队中没有个人英雄主义,每一位成员的价值,都表现为其对于团队整体价值的贡献。

3. 有效的团队领导

团队领导者应有能力使成员步调一致,共同为团队目标而努力;团队领导者应将组织中有关团队的信息传达给成员,起到沟通桥梁的作用;团队领导者要有能力帮助团队成员设定团队的目标,并且授予团队成员一定的权力。此外,团队领导者还要有效地激励团队成员扮演教练的角色。

4. 有能力胜任的成员

创业要成功需要有优秀的团队成员,成员应具有某项专业能力以及沟通、陈述和解决问题的能力。

5. 合理的股权结构

团队成员的股权分配不一定要均等,但需要合理、透明与公平。一般来说,创始人与主要贡献者会拥有比较多的股权,但只要与他们所创造的价值、贡献能相匹配,就是合理的股权分配。如果一家创业公司的四位成员以平均方式各拥有 25%股权,但其中两位对于新企业发展完全没有贡献,那么这样的创业团队是存在缺陷的,风险投资公司也不会愿意投资这样的公司。

6. 公平合理地分享经营成果

好的创业团队能将经营成果与所有有贡献的团队成员和员工合理分享,可以采取分红配股的制度,再配合一套非常公平的绩效评估公式,这对于留住员工与招揽人才都会有很大的帮助。在美国则较多采用股权的方式。

7. 不同专业能力的完美组合

创业团队面对的是不确定性的市场环境,机遇和风险都可能在各个方面出现,这就要求创业成员的能力应各有所长且能够互补。当然,创建优秀的创业团队也并非一蹴而就,往往是在新企业发展过程中逐渐孕育并形成完美组合的创业团队。在这一过程中,创业成员也可能因为理念不合等原因,在创业过程中不断替换。尽管团队组建有诸多不易,但团队组成与团队运作水平对创业集资与创业成败都具有关键影响力,因此,创业家必须重视如何发展创业团队这个问题,并培养自己在这方面的能力。

二、创业团队的构成要素

创业团队有五个重要的组成要素,管理学家把它们称为"5P",即目标(Purpose)、人员(People)、定位(Place)、权限(Power)和计划(Plan)。

(一)目标(Purpose)

目标即为什么要建立团队,希望通过团队达到什么目的。所有团队都有一个共同的目标:把工作上相互联系、相互依存的人们组成一个群体,以更加有效的合作方式达成个人的、部门的和组织的目标。创业团队是一个特殊的项目团队,目标是完成创业阶段的公关、技术、组织、管理、市场、规划等各项工作。创业团队的工作要有创造性,使企业从无到有,从起步走向成熟。企业建立发展成型之后创业团队也会随之转换为管理团队,团队目标也要从创业变为管理。

因此,创业团队应该有一个既定目标为团队成员导航,指导要向何处去,没有目标这个团队就没有存在价值。

阅读材料

自然界有一种昆虫很喜欢吃三叶草,这种昆虫在吃食物时都是成群结队的。第一个趴在第二个身上,第二个趴在第三个身上,由一只昆虫带队去寻找食物,这些昆虫连接起来就像是一节一节的火车车厢。管理学家做了一个实验,把这些像火车车厢的昆虫连在一起,组成一个圆圈,然后在圆圈中放了它们喜欢吃的三叶草。结果它们爬得精疲力竭也吃不到这些草。

这个例子说明,在团队失去目标后,团队成员就不知道向何处去,最后的结果可能是饿死,这个团队存在的价值可能就要打折扣。团队的目标必须跟组织的目标一致,此外还可以把大目标分成小目标具体到各个团队成员身上,大家合力实现这个共同的目标。同时,目标还应该有效地向大众传播,让团队内外的成员都知道这个共同的目标,有时甚至可以把目标贴在团队成员的办公桌上、会议室里,以此激励所有人为这个目标去工作。

(二)人员(People)

人是构成团队最核心的力量。包含三个以上的人就可以构成团队,目标是通过人员具体实现的,所以人员的选择是团队中非常重要的一部分,团队最终能否成功还取决于人员本身。在确定和选择团队成员的时候,必须认真细致地从多方面考察候选者,使候选人的技能、学识、经验和才干等要素尽可能符合团队的目标、定位、职权和计划的要求。创业团队至少包括三方面的人才:管理人才、技术人才和营销人才。当三个方面形成良好的沟通协调关系后,该创业团队才是稳定和高效的。创业者在组建创业团队时,不但要考虑成员个人的能力、品德、志向和爱好,还要考虑成员间的兼容性。在一个团队中可能需要有人出主意,有人定计划,有人实施,有人协调不同的人一起去工作,还有人去监督团队工作的进展,评价团队最终的贡献。不同的人通过分工来共同完成团队的目标,在人员选择方面要考虑人员的能力如何,技能是否互补,人员的经验如何等。

(三)定位(Place)

定位即团队通过何种方式同现有的组织结构相结合,从而创造出新的组织形式。团队定位首先要确定由谁选择和决定团队的组成人员,其次就是团队要对谁负责,再次就是如何采取有效的措施激励团队及其成员,最后要形成一套制度规范,制定团队任务,确定团队同组织结构结合的方式。

可以看出,团队的定位包含两层意思。

一是团队的定位。团队在企业中处于什么位置?由谁选择和决定团队的成员?团队最终应对谁负责?团队采取什么方式激励下属?

二是个体的定位。作为成员在团队中扮演什么角色?是定计划还是具体实施或评估?创业者在做创业计划时以及在对初创企业进行经营管理过程中,要选择和决定合适的人员组成创业团队,把他们安排到创业组织当中去,使人得其所、在其位、谋其政、尽其用。

(四)权限(Power)

职权是指团队担负的职责和相应享有的权限,即团队工作的范围以及在其范围内决策的自主程度。它实际上是团队目标和定位的延伸。

就整体而言,创业团队的权限比较大,它的工作范围几乎包括各个领域,如公关、管理、生产、销售、财务、人力资源开发,所处理的事务会影响到整个新创企业现在的状况和将来的成败。创业团队成员的职权一定要明确,要避免职权的重叠和交叉;同时,要有清晰的分工与紧密的合作,还要考虑到沟通与协调的便利性。团队当中领导人的权力大小跟团队的发展阶段相关,一般来说,团队越成熟,领导者所拥有的权利越小,在团队发展的初期阶段领导权是相对比较集中的。

具体来说,团队权限关系包括两个方面:

一是整个团队在组织中拥有什么样的决定权。比如说财务决定权、人事决定权、信息决定权。

二是组织的基本特征。比如说组织的规模多大,团队的数量是否足够多,组织对于团队的授权有多大,它的业务是什么类型。

(五)计划(Plan)

在确定了团队的职责和权限之后,就要决定如何把这些职责和权限具体分配给团队成员,这一步需要通过计划来实现,也就是说通过计划来指导团队成员分别做哪些工作以及怎样做。

计划的两层含义如下:

一是目标最终的实现,需要一系列具体的行动方案,可以把计划理解成目标的具体工作的程序。

二是按计划进行可以保证团队的行动进度。只有在计划的操作下团队才会一步一步地贴近目标,从而实现目标。

创业团队的计划是以创业团队的整体来考虑的,它包括创业团队的领导和规模、领导职位设立的方式、领导者的权限与职责、创业团队特定成员的职责与权限、各成员投入团队工作的时间等内容。

这五个要素是团队的基本组成要素,缺一不可,而且各个要素之间相互影响、相互作用。

三、组建团队的合理流程

第一步,建立优势互补的创业团队。所谓优势互补,主要在两个层面,一个是专业,另一个是个性。创业团队是新创企业人力资源管理的核心,要"内外"兼修,不仅是耐心细致的"总管"还是眼光独到的"老板"。同时,组织创业团队时还要注意个性,个性代表着看待问题的角度和思维方式。如果一个团队里总能有提出建设性的可行性建议并能不断发现问题的成员,那么对创业过程将是百利而无一害的。

第二步,选择有热情的人加入团队。能够主动选择创业的人都是有某种狂热的人,或者对能力,或者对产品,或者对机会,总之,创业者总有大把的热情可以挥洒。因此,选择对项目有同样热情的人加入团队尤为关键。有时要熬过创业初期的孤苦、烦躁、拮据,所信赖的只有热情。任何人,不管其有无专业水平,如果对事业的热情不足,将无法适应创业的需求。而这种消极因素,对创业团队所有成员产生的负面影响可能是致命的。

第三步,建立有效的员工考核方案。对员工的工作业绩定期进行有效考核,至于考核的方式,可以采取量化或者面对面交流的方式,各有所长。除此之外,最好还能有一个员工能力发展计划,帮助其在工作中、企业内训中以及自学中不断提升自身素养。同时,要重视每一个员工的价值体现,注重其对于团队整体价值的贡献。这样,团队才能形成坚强的凝聚力和一体感。

【创业案例3-4】

阿里巴巴在初创时只有18人,号称"阿里巴巴十八罗汉"。当年,这18人拿出了身上所有的钱——50万元人民币创立了阿里巴巴。马云和他的团队成员可能都没有想到会有今天的成就。刚成立的时候,大家每天要工作 16～18 个小时，累了就睡在办公室的睡袋里，当时每个员工的工资只有 500 元。

在这样的环境下，阿里巴巴能够活下来并且不断壮大，最终成为行业巨头，创业团队功不可没。蔡崇信，"阿里巴巴十八罗汉"之一，毕业于耶鲁大学，曾在欧美各大公司任职。他放弃了德国投资公司年薪 70 万美元的工作，千里迢迢赶回国就任阿里巴巴首席财务官，拿着每月 500 元的工资，将规范化、制度化的现代公司管理方式引入阿里巴巴，并且为当时已在"悬崖边上"的公司拉到了 500 万美元的天使投资。

首席人事官彭蕾，在资金极度有限的情况下为阿里巴巴物色了不少人才。公司缺人时她甚至兼任公司客服接线员，之后她又转战市场部、服务部等多个部门，建立了支付宝这一阿里巴巴核心产品，马云评价她为"几乎所有金融创新领域的拓荒者"。

孙彤宇则是阿里巴巴核心产品淘宝网的建立者。他带领团队搭建淘宝网，几年时间就把淘宝网的年销售额做到 400 亿元，占据了电子商务领域近 80% 的市场份额。淘宝网开启了阿里巴巴的崛起之门，之后阿里巴巴一步步发展壮大，最终成了行业巨头。

周悦虹则是一名技术极客，是阿里巴巴的 Java 架构师。他亲自组装了阿里巴巴最初的一批计算机，并编写了阿里巴巴初期的核心代码，将马云的构想变成了一行行代码，变为了可见的现实。

阿里巴巴的这"十八罗汉"各有所长，在马云的带领下，他们充分发挥了自己的能力，共同创造了惊人的成绩。在阿里巴巴成功后，蔡崇信成为阿里巴巴执行副主席，彭蕾成为蚂蚁金服董事长……这些创业团队的成员在成功打造了一家公司的同时也收获了自己人生的果实。

（资料来源：根据华行安云共享微信公众号资料《阿里十八罗汉财富排名 阿里巴巴十八位创始人都有谁?》整理，网址：https://mp.weixin.qq.com/s/S2xphBTE54v5nXc973B1BA）

第三节　创业团队的管理与激励

一、团队管理与激励方法

拔河比赛胜利靠的是人心齐，泰山移；赛龙舟胜利靠的是步调一致，不偏不倚，独占鳌头；创业团队胜利则靠的是宁要一流的人才和二流的项目，也不要一流的项目和二流的人才。长江后浪推前浪，一代更比一代强。创业浪潮中"项目秀""个人秀"的时代正在结束，团队的力量逐渐被越来越多的人所看好。尤其在创业的起步阶段，如果没有一个成功的创业团队，再完美的创业计划也会"胎死腹中"。由此可见，团队建设十分重要。那么，在创业中如何对团队进行管理呢？

微课堂

如何激励自己
的团队

（一）目标：创业团队管理的灵魂

创业团队的成员往往在性格上、特长上都有很大的不同，这是创业团队管理承受巨大压力所必需的。但是，无论这种差别有多大，他们都在为共同的目标而奋斗。因此，明确而深入人心的目标就是成为创业团队管理的灵魂。在这样的目标下，企业文化得以形成，抗压性和创造性被充分激发出来，团队整体表现出统一的步伐和坚韧的战斗力。可以这样说，对共同目标和企业文化的认同感造就了创业团队坚韧的品质，也就创造了一个又一个看似不可能的商业奇迹。

（二）潜能：创业团队管理的动力

内动力是指人的内在潜能。这种潜能一旦激发出来，会表现为乐观积极、精力充沛、主动思考、坚持不懈。如果智商正常，每个人都可能依靠内动力的发挥达到优秀,甚至接近卓越,从而成就一番事业。就团队而言,群体内动力的发挥能让这个组织实现看似无法企及的目标。而激发员工潜能的方法不仅仅是指简单的语言鼓励、赞美,同时还要做到:善于尊重,己所不欲勿施于人;善于倾听员工的意见和想法,与员工交朋友;善于授权,在明确的目标要求下,让员工有能力与权力去做事并对结果负责。

(三)合作:创业团队管理成功的秘诀

携程网创始人之一的梁建章曾经说过:"我觉得包容性是很重要的,越是高层的领导,他能包容的人越多。我们几个管理层,分歧也有,但都是健康的。一开始的时候,包括模式的确立,大家都提出自己的观点。现在我们的分工非常明确,都是互补性的,大家的决策越来越准确,争吵会少很多。"

团队管理中有两类人要悉心合作,一是合伙人,二是员工。创业者应该有博大的心胸,能宽厚待人,懂得如何把握"合作",懂得怎样从"合作"中收获财富与成功。一个人的心胸决定了他所能达到的事业高度。宽容是合作者首先必备的一种道德品质。作为领导者,要引领大家以目标为导向,对与之无关的小事不必太计较。但如果存在对企业生存、发展有害的因素和人员,要果断排除它的负面影响。创业是干事业,不是交朋友,需要审时度势,宽严有度。该管的要管,不该管的事情要学会放权。

(四)尊重:创业团队管理的内核

作为中国最大的英语培训机构,新东方声名远播。与新东方一同被人学习和敬仰的是俞敏洪那传说一般的创业故事。俞敏洪谈及引以为傲的决策就是把一大帮比他有出息的朋友从海外拉进了新东方。当年,徐小平、王强、包凡一、钱永强等新东方如今的核心人员在俞敏洪的鼓动下纷纷归国。在这些人多年海外打拼的背后,是一股庞大的拼命三郎般的创业热情,是成熟而先进的教育理念和教学方法,新东方从一开始就因为这一帮人的凝聚而直接步入正轨。对于这么一个汇聚卓越人才的团队,俞敏洪笑谈是"一只土鳖带着一群海龟奋斗",而摆在俞敏洪面前的团队管理问题,与我们的新创企业其实并无二致,那就是将这些有个性的人团结到一起,并让每个人都保持活力和激情。

在团队建设中,俞敏洪最为重视的就是,在交往与合作的过程中与团队成员坦诚相见。他时刻提醒自己,大家团聚在一起固然有梦想、交情等情感因素,但根本上是为了共同的利益才走到一起的。因此,俞敏洪秉承遇到问题和矛盾应该向前看的原则,在共同的利益面前,他相信尊重将会是最好的润滑剂,也将给大家带来丰厚的回报。只有向前看,成功的希望才能激励着合作的各方摒弃前嫌,勇往直前,抵达成功的彼岸。

(五)心态:创业团队管理者必备的素质

管理实际上是一种服务,管理者的职位越高,服务的范围就越广,比如你的上级、下属、客户都是你服务的对象。其中最辛苦的大概也是中层管理者,他们是企业的中流砥柱,往往也是工作难度最大的人,他们是每一项任务具体的上传、下达和执行人,中层管理者的能力往往能够左右事业的成败。因此,创业团队中的高层管理者必须对中层管理者的心态做好调整,使他们能够对企业产生高度的认同感。

同时,心态问题又引申出一个话题,那就是下属应该在具体业务操作上具备相应的专业技能。一个管理者需要明确每一项工作的意义和每一项工作的方向,而不必精通所有的具体业务操作,但他的下属应该在具体业务上比他更专业才行。这就好像是一个阶梯,越往上的人能力越全面,视野越宽广,越往下专业能力越强基层员工实际上在自己的工作领域中应该是最专业的。高管把工作分配给中层,中层分配给基层,如果基层员工每人精通一件事,那么就将得到 $1+1>2$ 的效果。

【创业案例 3-5】

　　来自也门的阿里(化名)高中毕业以后就申请到中国留学。刚开始他在成都学习了一段时间的汉语,后来又听朋友说义乌有很多的商业机会,于是又申请到义乌学习汉语。义乌,这座被誉为"世界超市"的城市,以其庞大的商品市场、丰富的商品种类和活跃的国际贸易氛围,迅速吸引了阿里的目光。

在这里,他不仅深入学习了汉语,更在课余的每一次市场探访中,逐渐揭开了义乌商业奇迹的神秘面纱。

每当周末或假期,阿里便穿梭于义乌商贸城的每一个角落,从日用百货到电子产品,从服饰鞋帽到五金工具,琳琅满目的商品让他目不暇接。在这个过程中,他敏锐地察觉到,义乌不仅仅是一个商品交易的场所,更是一个汇聚了全球商机与梦想的地方。每一次与商户的交流,都让他对国际贸易有了更深的理解和兴趣。阿里的父亲从事外贸生意也已经很多年,得知父亲在也门、迪拜、阿联酋等地的生意日益扩大,对义乌商品的需求也与日俱增。每当父亲需要采购特定商品时,都会放心地委托阿里前往商贸城挑选样品、比价议价。这些实践经历,不仅让阿里对商品质量、价格敏感度有了显著提升,更让他结识了许多诚信可靠的供应商。

值得一提的是,在帮助父亲处理业务的过程中,阿里有幸与三名长期从事外贸批发生意的客户建立了深厚的友谊。这三位客户有着七八年的行业经验、雄厚的资金实力以及诚实守信的品格。他们不仅耐心指导阿里如何识别优质货源、规避贸易风险,还分享了许多宝贵的国际贸易知识与人脉资源。阿里深感,这三位客户不仅是商业上的伙伴,更是他人生道路上难得的良师益友。

三年的时间过得很快,转眼间阿里已完成了大学学业。面对未来,他心中有了更加清晰的规划。父亲年事已高,多次透露出希望阿里能接过家族生意接力棒的意愿。而阿里,在经历了义乌几年的学习与历练后,也愈发坚定了自己要在国际贸易领域闯出一番天地的决心。

于是,一个大胆的想法在他心中悄然萌芽——为何不将个人的梦想与已有的资源相结合,与那三位志同道合的客户共同创办一家外贸公司呢?阿里他们四人各自有着不同的优势,联合起来便能实现优势互补:他自己汉语流利,对中国市场比较了解,在父亲的耳濡目染下,有着较为敏锐的洞察力;另外三个则是经验丰富的外贸老将,资金实力雄厚,可以在自己所在的各个国家开拓市场。这样的组合,无疑为公司的成立与发展奠定了坚实的基础。阿里利用假期回国和三位客户谈了之后,一拍即合,因为他们三位也正好缺少一名能够长期留在中国的诚实可靠的合作伙伴。于是,阿里的进出口公司就这样成立起来了,经过两年多的发展,目前公司每年稳定发往也门、阿联酋、沙特等国家的货柜在100多个集装箱。而且他们四人还看好电子商务在阿拉伯国家的发展趋势,准备一起在沙特开一家电子商务公司。

二、创业团队管理的误区

(一)忽视团队文化和价值观

团队文化和价值观是团队凝聚力和共同目标的重要基础,如果创业团队忽视这一点,可能会导致团队成员缺乏认同感和归属感。如果一个创业团队成员对团队的核心价值观不太认同,可能会导致他的工作态度不积极,从而影响整个团队的氛围和效率。因此,建立统一的团队文化和价值观,让团队成员共同认同和遵循,是非常重要的。

(二)过度集中权力

在创业团队中,过度集中权力可能会使团队成员缺乏发言权和参与感,影响团队的创造力和创新能力。如果创始人独断专权,团队其他成员可能会感到不被重视,进而引起团队内部成员的不满情绪。因此,应该鼓励团队成员参与决策,发挥各自的专长和能力,共同推动团队的发展。

(三)忽视团队成员的需求和情绪

当团队领导者忽视团队成员的需求和情绪时,可能会导致团队内部产生紧张的氛围和不和谐关系。如果有一名团队成员在工作中遇到了困难,但领导者却没有给予关注和支持,这会使该成员感到不被重视,进而影响整个团队的合作和效率。因此,领导者应该时刻关注团队成员的情绪状态,建立开放的沟通渠道,及时倾听他们的需求和反馈,以便及时解决问题,维护团队的和谐氛围。

通过关注团队成员的需求和情绪,可以增强团队的凝聚力和信任感,促进团队的共同成长而走向成功。

(四)缺乏明确的目标和任务分配

如果团队成员不清楚自己的责任和目标,可能会导致团队的工作效率低下和目标不明确。如果一个团队没有明确的目标和任务分配,每个成员都在盲目地工作,不清楚自己应该做什么,这将导致资源的浪费和工作的重复,最终影响团队的整体表现。因此,明确的目标和任务分配可以让每个成员了解自己的工作重点,可以提高团队成员的工作效率,减少冲突和误解,促进团队的协作和共同成长。

(五)忽视团队成员的成长和发展

如果团队领导者忽视团队成员的成长和发展,团队成员可能会感到缺乏动力和积极性,进而影响整个团队的表现和工作效率。如果一个团队领导者不关心团队成员的个人发展,不提供培训和发展机会,团队成员可能会感到被束缚和无法提升自己的能力,从而导致团队的整体发展受阻。因此,关注团队成员的成长,可以增强团队成员的自信心和动力,促进团队的创新和发展,实现共同的目标。

(六)不重视团队间的沟通和协作

如果团队缺乏良好的沟通和协作机制,可能会导致信息传递不畅、任务执行不顺利,可能会导致工作重复、遗漏,甚至延误整个项目进度。因此,团队领导者应该重视团队成员间的沟通和协作,建立良好的沟通机制和协作氛围,促进团队成员之间的合作和互动。通过建立有效的沟通渠道和协作机制,可以提高团队成员之间的信息共享和理解,增强团队的协作效率和执行力,推动团队实现共同目标。团队领导者应该将团队间的沟通和协作作为重要管理任务,为团队的成功和发展营造良好的工作氛围和合作环境。

阅读材料

一谈到管理，想必是让很多管理者和领导者所头疼烦恼的问题。要知道，管理这个问题，永远没有一劳永逸的完美答案。很多管理都还在找寻自己的答案。即使困难，这仍然是所有管理者必须攻克的难题。实际上，很多人对管理还是存在一些误区，缺乏完整的认知：

（一）员工就该牢牢约束才能管好？

对于员工的管理尺度令许多管理者头大。管紧了，容易让员工产生反叛心理，甚至导致人员的流失；管得松了，员工好像又不怎么用心工作。其实在这里，很多管理者经常有一个误区就是，管理就是控制和约束，但实际上有效的管理是对员工的激发，是为员工赋能。

为什么总有人问，如何才能做好员工激励？因为这才是真正能驱动员工为着团队目标不懈奋斗的有效手段。激励的重要意义在哪里？用一个简单的案例来说明一下：

有一家腾讯投资的公司，这个公司的副总碰到了一件想不明白的事情。

公司曾经有一位明星级产品经理，工作表现非常好，年终考评公司还给了他最高等级的评定，升职加薪一样不缺。

结果就在第二年春天，这名产品经理辞职了。这位副总挽留无果，一头雾水。这么好的待遇难道吸引力还不够吗？事后经过了解才知道，原来这名产品经理一直有自己的工作规划：独立掌管一条新产品的业务线。可当时这位副总裁觉得这条产品线还不够成熟，所以拒绝了。

这名产品经理没有获得自己真正想要的"激励"，再高的薪资对他也没有吸引力。

这里要提到一个激励的三关联原则：

第一个关联是，员工工作的任务表现和他应该得到的评级要关联起来。

第二个关联是，当员工知道了他得到的评级和评分以后，他可以获得什么样的奖励，这个关联是清晰的。

第三个关联是，我们给员工的奖励物是他所期望的奖励。

而这家公司遇到的问题就在于，没有达成第三个关联。

所以,所谓的员工管理,就是要清楚员工的核心需求。如果能满足这个激励需求,他就会尽自己的最大努力来帮助团队发展。这种管理方式比单纯的强压约束要更有成效。

(二)管理的提升靠照搬也行得通?

我们会看到很多公司、企业竞相参观成功企业,希望能通过学习来获得更快捷的管理成果,但是人们往往忽略了管理的本土化。

在许多公司都会看到这样的情形:

听说建设好的团队文化能提升团队执行力,就去找来各种优秀公司的文化手册做参考;看到有的公司推行 OKR(Objectives and Key Results,即目标与关键成果法,是一套明确和跟踪目标及其完成情况的管理工具和方法)很有效,就急忙给公司引入 OKR 管理;又或者坚定地跟着同行业优秀团队的脚步,亦步亦趋,最终却发现浪费了时间和人力成本,几乎没什么成效。

模仿确实是一个很好的学习方式,但是要聪明地模仿,带有思考地模仿。在近百家公司的接触中,经常有一些管理者会问,为什么我们公司使用了OKR,但是却没什么成效呢?员工并没有变得更加积极,团队绩效也并没有提高。

OKR 本土化的第一步就是要判断,你的团队适合不适合使用 OKR。首先要明确的是,OKR 是一个目标管理工具,和员工薪酬并不挂钩,所以这对员工的主动性要求比较高。如果你对员工的执行能力要求大于自主创新要求,那么OKR 也许就不适合在你的公司进行推行。所以,不论是学习什么,都要记得先判断自己的环境是否适合,再去进行本土化,变成自己的团队武器。

(三)一种风格就能让管理一顺到底?

有一些管理者会觉得,不管是面对什么类型的员工,不论什么场景,我这一种风格就都能起作用。

如果你还是这样考虑的,那可能要转变一下自己的思路了。

在领导和管理的过程中,一定要关注两个问题:员工类型和管理场景。员工要分类管理,风格也要随着管理场景的变换做一些变化。

首先讲到员工类型,这里要提到一个员工分类管理的工具:团队矩阵。团队矩阵将员工分为四大类：

第一类：高能力高忠诚度

这类型的员工听起来就很省心。工作表现好，对团队又有极高的热忱。

第二类：能力强，但是忠诚度有限

这类员工能力水准还算不错，但是很难让人产生信赖感。这类员工是让很多管理者头疼的。

第三类：忠诚度较高，但能力平平

这类员工很值得信赖，但是工作产出太少。

第四类：能力和忠诚度都不行

不用多想，这类员工几乎没什么生存空间，不会有什么团队能长久保留这样的员工。所以，从上述的员工分类描述中就可以看到，不同员工特性不同，也不能用一样的方法对待。

对于第一类高能力高忠诚度的员工，你不需要整天盯着他工作有没有完成，只需要给他足够的空间，让他尽情发挥，更多地信任他。

而对于第二类员工，你要对他们的行为设定底线。使用一定的激励来促使他们发挥能力，促使他们不断前进，然后努力将他们培养成第一类员工。

对于第三类员工，需要给他们更多的培训机会，甚至是换岗。让他们尽快提升自己的能力，去接近第一类员工的水平。

关于管理场景要说的是，领导风格多样，但是一个优秀的领导者是能够根据不同情境变换风格的，这就是所谓的情境领导力。

在团队中管理者的管理风格有六大类，分别是：命令型、愿景型、亲和型、民主型、标杆型、教练型。

1. 命令型

这个风格的管理者主要的特点是：说一不二。

命令型领导多数出现在一些比较简单明了的工作场景，如标准化操作的工厂、军队、体育比赛等领域。

2. 愿景型

愿景型的领导会向团队成员去描述团队前进的方向，而且会告诉大家，我们前进的这个方向是多么激动人心和意义非凡。比如像史蒂夫、乔布斯这样的领导者就是这样的风格。

3. 亲和型

亲和型领导者的风格致力于培养良好的、亲密的团队之间的关系。很多公司的人力资源部管理者，往往倾向于采用亲和型的领导风格。

4. 民主型

民主型领导很愿意花时间与团队的成员以民主的方式建立信任，更加在乎员工的参与感，更加在乎员工的建议和他们在决策中扮演的角色。民主型的领导风格在需要员工的意见和观点的场景下是比较合适的。

5. 标杆型

标杆型领导会设定一个非常高的绩效的标准，然后亲自示范，并要求员工依照此种方式来操作。在一些项目制的情境中，我们会比较多地使用标杆型领导风格。

6. 教练型

顾名思义，教练型领导者能够跟下属一起分析他工作上的能力的长处和短处，或者工作上的优势或不足，把员工的优势、劣势跟他的工作结合起来。

教练型风格不可能对每一个团队成员使用，只可能针对具体的员工来采用这种风格。

针对六种管理风格进行一一分析后，你会发现，每种风格都有其最适用的场景。如果你在一个场景中使用了不恰当的管理风格，那么就会获得与期望完全相反的效果。

比如你的团队必须在一定时间内完成一个项目，那么这时候你去使用民主型的风格管理，就容易出现效率低下的情况，甚至导致项目的逾期。

如果是一个需要大家集思广益的头脑风暴，你却使用了标杆型的管理风格，会让员工无法发挥所长，最终这个头脑风暴就变成了一个人的舞台。所以，这也是许多管理者容易忽视的地方。

(四)管理者，只要管好员工就够了？

走上管理岗位就可以放心了？这也许是不少刚踏上管理岗位的管理者的错

觉。前面的辛劳换来现在的晋升,是不是你的努力到这里就可以先告一段落了?

答案自然是:不。

有一些管理者可能是之前在公司业务能力非常突出的人,但是走上管理岗位后,突然发现自己很不适应。因为管理岗位会对管理者有管理能力上的要求,这不是靠扎实的业务能力就能做好的。所以,对于管理者来说,想要做好员工管理,先要学会管理自己。这里需要管理者了解到的是管理者清单。

这是一个非常简洁的清单,是一个结构性的图谱,从系统的角度列出了一名管理者需要做的事情。这个清单把管理者的工作分成了四个类别:

第一类:目标建立和对目标执行的控制

建立目标就是说一个团队应该要有自己的使命和愿景,这是非常重要的,这是整个团队前进的方向。

第二类:运营系统的搭建和优化

在运营体系中,要有一个比较清晰的团队组织架构,要明确不同的组织架构里的不同职能部门分别需要做什么事,下设哪些岗位。

第三类:团队的领导和激励

团队需要招聘合适的员工,并用好的方式去激励他们。正如前文所述,我们可以采用长期激励和短期激励相结合的方式激励员工。

第四类:对于自我的管理

作为管理者,我们需要持续地进行自我管理和自我成长,需要经常对自己的工作内容进行总结和反思,寻找可以提升的地方。

通过对这四个类别的管控,管理者就可以随时来审视自己的能力和不足。

所以,想要带好一支团队,想要带出一支高绩效团队,管理者的磨炼任重道远。

(资料来源:以上内容改编自微信公众号"金融订阅专栏"推文
网址:https://mp.weixin.qq.com/s/W6dftRK3eDqcNvgECNLH6A)

巩固复习

第三章

课后思考题

一、基本概念

创业动机　创业团队　创业者的素质

二、简答题

1.创业者的创业动机一般分为几类？

2.创业者需要具有什么样的素质？

3.创业者必备的能力主要包括哪几类？

4.怎样组建创业团队？

5.你认为应该怎样对创业团队进行管理？

第四章 商业模式设计

▶ **学习目标**

1. 了解商业模式的基本含义。

2. 掌握商业模式的基本构成。

3. 掌握商业模式设计的工具、主要原则和设计方法。

4. 了解商业模式创新的方法及路径。

案例导入

抖音,是由字节跳动孵化的一款音乐创意短视频社交软件。该软件于2016年9月20日上线,是一个面向全年龄的短视频社区平台。用户可以通过这款软件选择歌曲拍摄音乐短视频,形成自己的作品。据统计,现在抖音的日活跃用户已经超过了6亿,抖音平台会根据用户画像和地点等实现个性化精准推送,满足用户的不同需求,用户喜欢什么就推送什么,也是人们刷抖音"中毒"以至于一直停不下来的原因。在信息碎片化的今天,人们不再满足于单纯的文字声音及图片分享,更为生动直观的短视频分享广受观众喜欢。抖音深入人们生活的原生态的内容,具有人格化和独特个性的表达方式,将产品和品牌场景化,用户不仅是信息的接收者,更多的是信息的发布者。最新数据表明,即使已经上线五六年,但是抖音还是保持着惊人的增长速度。

抖音的商业模式为"PUGC + 粉丝经济",PUGC(professional user generated content,即专业用户生产内容),指在移动音视频行业中,将UGC +

PGC(即视频＋歌曲)相结合的内容生产模式;抖音的价值来源主要为平台流量的变现,平台流量主要来源于有一定忠诚度甚至是高忠诚度的抖音粉丝,所以"粉丝"是其商业模式要素中的核心主体。在通过营销宣传吸引用户之后,抖音平台通过 PUGC 内容及其他额外服务,将普通用户转化为抖音粉丝,以此来维持、扩大平台流量和进一步构建生态社区。这种商业模式让抖音、用户、第三方平台形成了一个闭合的循环:抖音提供短视频分享平台给用户,供其分享自己在生活中的各种经历,满足用户的娱乐需求,从而形成口碑效应以吸引更多用户参与到抖音平台中,随着用户群的增加,吸引更多的内容生产者入驻平台从而提供更多的优质内容,使得用户效用提升,激发周边网络效应。由此,抖音平台通过跨边效应累积了大量用户,形成巨大流量,这些巨大流量又吸引第三方平台入驻抖音,抖音由此可获得盈利,从而有资金支持后续发展。

今日头条也将最核心的算法优势用到了抖音上,一开始就在产品层面加入算法推荐模型以保证内容分发效率。这些都为抖音的进一步发展奠定了基础,2018 年抖音估值在 80 亿～100 亿美元,2020 年 1 月火山小视频和抖音正式宣布品牌整合升级,火山小视频更名为抖音火山版,并启用全新图标。几年时间内,抖音已成为短视频行业的领军者,占据大半市场份额,展现了互联网环境下新兴商业模式的力量。

(资料来源:360 百科、核子传媒微信公众号资料

网址:https://baike.so.com/doc/25632417-26685244.html

https://mp.weixin.qq.com/s/uM4wKnjyAOWj4eo98DT8sQ)

第一节　商业模式概述

商业模式(Business Model)又称为商务模式,这个概念诞生于 20 世纪 50 年代,但直到 90 年代才开始被广泛使用和传播。商业模式现在已经成为挂在创业者和风险投资者嘴边的一个名词,几乎每个人都确信,有了一个好的商业模式,成功就有了一半的保证。

一、商业模式的内涵

虽然商业模式已经成为社会经济领域,特别是创新创业领域的一个热词,但是对于其概念的界定,并没有达成共识。管理学大师彼得·德鲁克(Peter Drucker)将商业模式定义为"商业的理论"。20 年前比产品力,谁有好的产品,谁就能成功;10 年前比渠道和品牌力,谁的品牌影响大,谁的渠道终端广而有力,谁就能够成功。那么,今天的企业比拼的又是什么呢?

我们看到,这是一个营销的 4P(产品、价格、渠道、沟通)已经激烈竞争、高度同质化的时代,企业已经很难在这 4P 中的某一项脱颖而出,企业的竞争已经超越了营销这一层级,蔓延至更高层面——商业活动的全系统,而商业活动的系统结构,正是商业模式。所以说,今天谁的商业模式更好,谁就能成功。

微课堂

什么是好的
商业模式

简单地说,商业模式指的是在企业现有资源情况下,创业者要解决如何赚钱,赚多少钱,以及如何持续性赚钱的经营根本问题,所以就需要通过商业模式的设计,创造一套为客户持续创造价值的盈利模式。

商业模式就是帮助企业以相对较低的成本去赚取相对较高的利润的商业系统。以麦当劳为例来分析具体什么叫商业模式。所有人都知道麦当劳是卖汉堡的,但是它真的就是靠卖汉堡赚钱的吗? 其实不是,麦当劳不仅仅是个卖汉堡的快餐商,还是一个地道的地产商,旗下的地产数量已经足以让麦当劳成为世界地产巨头。麦当劳一直沿用"朝两个截然不同的方向赚钱"的经营方法,除了通过特许加盟收取约占销售额 4％的特许收益外,还通过房地产运作得到相当于销售额 10％的租金。租金收益高于特许收益,这就是麦当劳长期以来选择以超过多数人想象的速度圈地、建设和开新店来追求利润的原因。在全美万家店铺中,60％的所有权属于麦当劳,另外 40％是由总公司向土地所有者租来的,麦当劳租地时定死租价,不允许土地所有者在租约内加上"逐年定期涨价"条款,但在出租给加盟者时却把所有的保险费、税费都加了进去,并根据物价上涨情况,向加盟分店逐年收取涨价租金,其中的差价为 2～4 成。这就是麦当劳的商业模式。

彼得·德鲁克认为,管理者要做两件事:一要做对的事情,二要把事情做对。前者指的是战略,后者指的是管理。他在企业管理方面提出的经典五问①,是企业管理中必须重视的五个问题,也为创业者理解商业模式内涵提供了指导性方向。

1. 我们的使命是什么

创业者在思考和设计商业模式时,首先要考虑创业的使命,即为什么要创业。创办企业可以给社会带来怎样的经济与社会效益。一个具备远大梦想、想为世界做出一点贡献的梦想家往往自带光环,吸引一群愿意追随他一起改变世界的梦想家,吸引他们共同解决问题,他的创业也就成功了。这就是创业者的伟大使命感。德鲁克曾说,在做出任何决定之前,一定要长远考虑,反过来问自己:"我们今天要做什么? 为什么做?"对创业者而言,创业使命既是引领创业行动的标杆,也是创业团队建设的精神动力之源。

2. 我们的顾客是谁

创业者因资源和能力的限制,不可能满足市场中全部顾客的需求。确定目标客户群体是商业模式的核心内容,能够帮助创业者深入地了解顾客的差异化需求,开发具有针对性、竞争力的产品和服务,进而形成企业的竞争优势。明确目标客户群体及其群体需求与行为特征,是创业者设计商业模式时需要考虑的首要问题,一般来说,企业的客户分为三层,从里到外,依次是核心客户、一般客户和外围客户。

阅读材料

核心客户是一个企业安身立命的根本,是你公司产品的刚需用户,他们对你的产品有着最强烈的需求。一个企业,只要把核心客户服务好,就能立于不败之地,企业的生存关就能顺利通过。一般客户,是公司发展扩大的途径,在维护好核心客户的基础上,积极拓展一般客户,是公司获取利润的来源。在可行的时候,积极地把一般客户转化为核心客户,也是需要做的工作。至于外围客

---

① 彼得·德鲁克,等.德鲁克经典五问[M].鲍栋,刘寅龙,译.北京:机械工业出版社,2016.

户,属于"编制外的红利",在有余力的时候进行服务,在没有能力的时候,可以暂时放下。

3. 我们的顾客重视什么

"哪里有抱怨,哪里就有机会","每一个痛点,都是一个机会"。一切发明、创造,一切新兴的行业,其实都是伴随着人们的痛点而来的,比如,人们抱怨豪华酒店太贵,而普通小旅店不安全、不卫生,所以有了如家、汉庭酒店;人们抱怨下班打不到车,所以有了滴滴打车;人们抱怨开车太累,所以有了特斯拉的自动驾驶技术。这里的痛点从商业模式角度来讲,其实就是顾客价值,即顾客重视什么。创业者针对商业模式进行思考和设计,均应该围绕目标顾客群体的痛点,寻找系统的解决方案。

阅读材料

(一)寻找创业痛点

从某种程度上来说,创业者,只要能够找对痛点,付出不亚于任何人的努力,成功就是水到渠成、自然而然的事情。那么,作为创业者,我们平时到底要如何才能在生活中发现这些痛点呢?

1. 帮用户省钱

在小城市,工资低,收入少,每个月就那么几千元钱,日子过得并不富裕;在大城市呢,虽然工资过万,但是房价高,消费水平高,每个月算下来其实也剩不了多少钱。这时候,帮用户省钱,就成了一个广泛的痛点。

比如,在没有360之前,中国国内的所有杀毒软件都是收费的,突然有一天,周鸿祎出来宣布360杀毒软件永久免费,然后瑞星、金山、卡巴斯基这些老牌杀毒软件用几年时间建立起来的优势,瞬间就土崩瓦解了。360把竞争对手的用户都收入囊中,一举占领了中国安全软件的市场。

这就是你在创业时要考虑的第一个痛点:怎样帮用户省钱。如果你的创业项目能够满足这一点,那么对你的用户来说,就是福音;对你的竞争对手来说,就是灾难。

2. 帮用户省时间

人们常说时间就是金钱，现代社会的生活节奏越来越快，时间就更显得宝贵。等待，因此也就成了最让人感到无聊、焦虑、痛苦的事情。等待，现在已经超越了行业、地域的范畴，成了人们普遍性的一个痛点。

未来，谁能帮用户省时间，谁就能从竞争对手中脱颖而出，获得用户的青睐。

举个例子。你去书店的时候有没有过这样的经历：面对着一大堆书，不知道如何下手，你可能花费了一下午时间挑来挑去，最后两手空空地走出书店。其实，很多人都像你一样，都有这个烦恼。

于是，日本东京去年出现了一个书店，叫森冈书店，这个书店主打一个理念，叫"一册一室"，就是在一周内，整个书店只卖一本书，你要做的就是选择买或者不买。你可能会觉得这个书店生意肯定不好，其实刚好相反，这个书店的生意好得不得了！因为它帮很多人节省了时间，比如很多年轻白领，平时没有时间逛书店，就在上班的路上，路过这个书店，随手买上一本。

所以，能帮用户节省时间，消除用户等候的痛苦，一定是今后创业的一个方向。

3. 帮用户省脑细胞

现在很多人工作很繁忙，本来上班就已经够费精力的了，回到家里还要考虑孩子的事情，如果你的创业项目能够帮用户节省脑细胞，那么用户一定会愿意选择你。

举个例子，现在很多人喜欢喝红酒，但是大家知道，红酒的知识很多，比如产地、品牌、价格等，而很多人只是喜欢喝，却并不喜欢花时间、精力去研究这些东西，针对这种情况，国外出现一家叫 WSJY 的公司，提出了这样一个服务，它向用户承诺："如果你喜欢喝红酒，但是又不懂红酒的知识，没有办法对红酒的好坏做出判断，那么我来帮你做这决策。"

然后 WSJY 公司开始招收会员，他们每季度都会给会员用户配送 12 瓶精心筛选的红酒，这些红酒都是公司里专业的品酒师精心挑选的，你自己不需要思考任何事情，你只需要负责品尝就行了，如果你觉得 12 瓶太多或者太少，还可以随时通知他们做出调整。

这种模式的好处是什么呢？就是"未战先赢"，它本质上其实属于一种预售：你还没有把产品生产出来，就已经把它卖掉了。根本不用占用公司太多的资金，可以说，公司所有的钱，都是客户给你的，让你帮他去挑选。

这就是帮用户节省脑细胞带来的好处，因为有时候用户根本不知道自己要什么，你帮他做决策，用你的专业性去帮他做精选，他反而会很高兴。

4. 帮用户省力气

人都是很懒的，其实懒不是毛病，而是习惯，只是很多人不愿意承认罢了。你想想看，为什么人有钱了之后，都想请保姆、请司机服侍自己，就是说明懒惰是人的天性。那么，如果你的创业项目能够击中人们懒这个特点，那这个项目一定会俘获很多用户。

举个例子。前几天，我带着全家人去爬山，我们花了1个多小时，终于爬到了山顶，累得气喘吁吁，双腿都已经不听使唤了，但是当我们知道山顶没有任何缆车等交通工具，还要花费1个小时再走下来时，说实话，当时我的内心真的是崩溃了。

这时，我就想，要是此刻能有一辆摩托车把我们全家送下去，他跟我要100元我都愿意给！我想，不仅我有这个需求，很多跟我一起爬山的其他游客，肯定也有这个需求。

于是，当晚，我就在小区的论坛里写了一个帖子，我说如果山上有这个服务就好了，我觉得这是个赚钱的机会。没想到，这个帖子被当地一个村民看到了，第二天，他就开着自家的摩托车去拉客了，后来给我发私信说，他现在一天下来能赚四五百元！这就是为顾客节省力气带来的机会。

(二)警惕伪痛点创业

那么，在这个过程中，大家除了要知道什么是痛点，也要能够分清什么是"伪痛点"。什么叫"伪痛点"呢？伪痛点也叫自嗨，就是创业者陷在自己的世界里，自己觉得这个痛点很重要、很紧急，必须要解决，但是用户并不这么觉得，这就是伪痛点了。伪痛点在创业过程中，经常表现在以下三个方面：

1. 以为客户很急，其实客户并没有那么急

2010年的时候，有个人做了一个创业项目，叫快书包，这个项目的核心业务

就是：一小时快速送图书。当时这个项目在资本市场融了 2000 多万元，但是把钱用完之后，还是倒闭了，为什么呢？

因为归根结底，图书不像药品，也不像酒，大家对它的需求并没有那么急，对看书的人来说，他想看一本书，你是 1 小时送到，还是一天送到，甚至是一星期送到，其实区别并不太大。那读者最看重的是什么呢？显然，读者买书最看重的不是速度，而是折扣，只要折扣低，价格便宜就可以了。

2. 以为客户很在乎，其实客户并不是很在乎

有一次，一个网友在微信上给我讲了一个他自己的案例。他平时喜欢吃小龙虾，然后刚好他有个哥们儿是做厨师的，他就想跟他哥们儿一起创业，做小龙虾外卖。他说，他觉得小龙虾这个行业有一个痛点，就是很多店做的小龙虾都不够干净、不够卫生。他打算做一种干净的小龙虾。

为了找货源，他还亲自去了洞庭湖，找到了一种腮部是白色的小龙虾，然后他就推出了主打干净卫生的麻辣小龙虾。因为成本比较高，所以这种小龙虾要比普通的小龙虾贵一倍，他觉得顾客一定会愿意为此付费，但没想到结果跟他料想的大相径庭。他的小龙虾卖不出去，做了不到半年店就倒闭了，前前后后一共赔了 15 万多元。

为什么会这样呢？因为对于吃麻辣小龙虾的食客来说，干净、卫生并不是他们的核心需求，他以为客户会很在乎，但是客户并不是很在乎，那客户在乎什么呢？显然，他们在乎的是价格和味道，做餐饮一定要记住，无论什么时候，都不要把这两点忽视了，那些觉得环境、服务等很重要的，其实都是在舍本逐末，到最后都会自食其果。

3. 客户的消费太低频

有一年，有个律师跟我说他想做一个创业项目，是一个有点类似于大众点评的 App，你可以在上面找律师，然后还能在上面看到律师的口碑和用户的评价，当时听了以后我就觉得不靠谱，大家可以想一下为什么。

吃饭是高频服务，大众点评你会经常用到，找律师是低频，你这辈子能用几次啊？如果次数少，那用户的打开率和留存率都会有限，那么你这个 App 的活跃度和人气就很难做起来，这样一来，你的用户获取成本会非常高，你一个初创

业者,没有钱烧,怎么把它做起来呢?

通过以上三种伪痛点创业失败的案例,我们可以得知,很多创业者会在思维上有盲区,那些让你激动不已的用户痛点,可能并不是真正的用户痛点,你觉得自己发现了一片空白市场,但别人真的没有看到吗?很有可能他们也看到了,也去尝试了,之所以你在市场上没有发现他们,是因为他们尝试以后死掉了,成了先烈,只是你不知道而已。

要杜绝这种情况,只有一个办法,就是让自己养成用户思维。首先,你要找到你的用户群体,观察他们在这个移动互联网时代,会遇到什么样的烦恼、不便和麻烦。其次,你要把自己也变成他们中的一分子,潜伏进去,加入他们,去倾听、去发现他们的抱怨和需求,你要知道他们渴望获得的解决方法。最后,你要想一想你能怎样解决这些烦恼和麻烦,尽快设计出一个产品或服务的原型来,通过小步快跑、快速迭代,去不断地完善你的产品或服务。

做用户测试,其实是创业非常有效的一种手段,一来可以验证你发现的用户痛点是否准确,二来可以根据用户的反馈,去调整、修正,优化你的项目,直到你的用户满意,愿意为你的产品或服务买单为止。

所以,创业者,无论何时都要记住:用户是你最好的老师,你创业的目的就是服务你的用户,为你的用户创造价值。只有明白这点,你才能发现痛点和机会,进而发现属于你的蓝海市场。

（资料来源:网易《创业经:创业找"痛点",如何找?》

网址:https://www.163.com/dy/article/E0Q79URE05149Q8M.html）

4. 我们的目标是什么

对创业者来说,能否达成定性或定量的目标是衡量创业成败的关键,也是商业模式中需要考虑的重要问题。商业模式设计的创业目标不仅包括顾客价值,还应包含创业者或者创业团队的社会或经济价值的体现,甚至还可能包括股东价值的获取。

5. 我们的计划是什么

创业者在思考和设计商业模式时必须能够回答如何践行使命、实现目标,并为社会创造价值。制订创业计划可以为企业的发展提供方向,又提供良好的效益评价体系及管理监控标准,使创业者在管理企业的过程中对企业的每一步都能做出客观的评价,并及时根据具体的经营情况调整经营目标,完善管理经营方法。

二、商业模式的核心逻辑

商业模式的核心逻辑包含三个部分:创造价值、传递价值、获取价值。企业创造了什么价值,通过什么方式把价值传递出去,如何将传递出去的价值回收回来,最终让企业再生产,形成一个良性循环,这样企业才能够维持好的运作。

(一)创造价值

企业归根结底就是社会的一个职能部门,不管是满足消费者也好,满足客户需求也好,都是基于客户需求的解决方案,这是企业存在的根本理由,这是创造价值部分。

(二)传递价值

到底通过什么方式、哪些资源配置,把价值交付出去,交付给我们的社会、交付给我们的用户、交付给我们的消费者。

(三)获取价值

交付之后,我们的用户、社会、消费者,通过现金的方式或者其他方式交付到企业,这时候企业才能够有更多的资金去进行再生产,创造更多的价值。这样就形成了创造价值、传递价值、获取价值的正向循环,企业才能够生存。

创造价值是基于客户需求,提供解决方案;传递价值是通过资源配置、活动安排来交付价值;获取价值是通过一定的盈利模式来持续获取利润。

商业模式的通俗理解就是:你的钱在谁的口袋?你要如何把这钱放进自己的口袋?你需要定位顾客群并且了解他们的需求;建立销售机制,确保你的收入大于成本。从通俗理解来说,作为企业,作为商业社会的组织部门,你要清晰地了解到企业要赚哪一部分钱、赚哪些顾客的钱,我们的钱在谁的口袋,我们如何让消费者愿意把这个钱从他的口袋掏出来交给我们,同时要建立销售机制,确保收入大于成本,因为只有收入大于成本,企业才是良性循环的,要不然就倒闭了。

三、商业模式画布

商业模式画布是一种用来描述商业模式、可视化商业模式、评估商业模式以及改变商业模式的通用语言。奥斯特瓦德和皮尼厄在《商业模式新生代》一书中提到商业模式画布通过九个模块的阐述,覆盖了商业的四个主要方面,即客户、产品服务、基础设施以及财务生存能力,如图4-1所示。

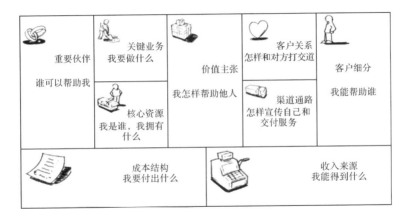

图 4-1　商业模式画布

我们把它分为四部分,第一部分是创造价值部分,企业的价值主张到底是什么? 我们的产品服务解决了什么问题? 第二部分是传递价值部分,把价值传递给我们的客户。第三部分是获取价值部分,我们的关键业务,通过资源、合作伙伴,把价值传递给消费者之后,把价值获取回来。第四部分是考核投入产出比。商业模式画布的九大模块从客户细分到客户关系,当然一开始也有可能是价值主张,基于价值主张,企业锁定一部分客户建立关系,通过渠道通路把我们的价值传递出去,最终要评估企业的投入产出比到底是不是良性的。

第二节　商业模式的设计方法

一、商业模式设计的主要原则

（一）持续盈利原则

企业能否持续盈利是我们判断其商业模式是否成功的唯一外在标准。因此，在设计商业模式时，能盈利和如何盈利也就自然成为重要的原则。持续盈利是指既要能盈利，又要能有发展后劲，具有可持续性，而不是一时的偶然盈利。持续盈利是对一个企业是否具有可持续发展能力的最有效的考量标准，盈利模式越隐蔽，越有出人意料的好效果。

（二）客户价值最大化原则

一个商业模式能否持续盈利，是与该模式能否使客户价值最大化有必然联系的。一个不能满足客户价值的商业模式，即使盈利也一定是暂时的、偶然的，具有不可持续性。反之，一个能使客户价值最大化的商业模式，即使暂时不盈利，但终究也会走向盈利。所以我们把对客户价值的实现再实现、满足再满足，当作企业应该始终追求的主观目标。

（三）资源整合原则

资源整合就是要优化资源配置，就是要有进有退、有取有舍，要获得整体的最优。

1. 优化企业内部价值链，获得专业化集中优势

企业集中于产业链的一个或几个环节，不断优化内部价值链，获得专业化优势和核心竞争力，同时以多种方式与产业链中其他环节的专业型企业进行高

度协同和紧密合作。

2. 深化与产业价值链上下游企业的协同关系

通过投资、协同、合作等战略手段，深化与产业价值链上下游企业的协同关系，在开发、生产和营销等环节上进行密切协作，使自身的产品或服务进一步融入客户企业的价值链运行当中，提高产业链的整体竞争力。

3. 强化产业价值链的薄弱环节，释放整体效能

具体的做法包括由强势的高效率企业对低效率企业进行控制，或建立战略合作伙伴关系，或由产业链主导环节的领袖企业对产业链进行系统整合。

（四）创新原则

一个成功的商业模式不一定是在技术上的突破，也可能是对其一个环节的改造，对原有模式的重组、创新，或是对整个游戏规则的颠覆。商业模式的创新形式贯穿于企业经营的整个过程之中，贯穿于企业资源开发、研发模式、制造方式、营销体系、市场流通等各个环节，也就是说，在企业经营的每一个环节上的创新都有可能变成一种成功的商业模式。

【创业案例 4-1】

中国民用无人机市场经历了 30 多年的发展。2010 年之前，中国民用无人机市场规模小，增长缓慢，主要运用于灾害救援、地图测绘等专业级市场。2011 年，以大疆创新为代表的中国消费级民用无人机企业，依靠多旋翼无人机迅速崛起，并在全球消费级民用无人机市场占有较大份额，成为"中国创造"的代表。2014—2015 年，中国民用无人机受到社会舆论、资本市场的广泛关注。

（五）融资有效性原则

融资模式的打造对企业有着特殊的意义，尤其是对中国广大的中小企业来说更是如此。我们知道,企业生存需要资金,资金已经成为所有企业发展中绕不过的障碍和很难突破的瓶颈。谁能解决资金问题,谁就赢得了企业发展的先机,也就掌握了市场的主动权。

(六) 组织管理高效率原则

高效率是每个企业管理者都梦寐以求的境界,也是企业管理模式追求的最高目标。用经济学的眼光衡量,决定一个国家富裕或贫穷的砝码是效率,决定企业是否有盈利能力的也是效率。

按照现代管理学理论,一个企业要想高效率地运行,首先要解决的是企业的愿景、使命和核心价值观,这是企业生存、成长的动力。其次是要有一套科学的实用的运营和管理系统,解决的是系统协同、计划、组织和约束问题。最后还要有科学的奖励激励方案,解决的是如何让员工分享企业的成长果实的问题,也就是向心力的问题。

(七) 风险控制原则

设计再好的商业模式,如果抵御风险的能力很差,就会像在沙丘上建立的大厦一样,经不起任何风沙。这个风险指的是系统外的风险,如政策、法律和行业风险,也指的是系统内的风险,如产品的变化、人员的变更、资金的不济等。

(八) 合理避税原则

合理避税而不是逃税。合理避税就是在现行的制度、法律框架内,合理地利用有关政策,设计一套有利于利用政策的体系。合理避税做得好也能大大增加企业的盈利能力,不可小看。

二、商业模式的设计方法

商业模式画布为商业模式设计提供了路线图,那么在具体的商业模式规划和设计过程中,又该如何设计呢?我们归纳出了"商业模式设计六步法":

第一步：找到行业原有竞争规则，并打破它。

三流企业卖苦力，二流企业卖产品，一流企业卖技术，卓越企业卖什么呢？卖的就是新的市场规则和标准。每一个行业，每一个市场，都有它自己内部的运作规律，我们把这种内部规律叫作原有市场规则。整个行业遵循着原有的市场规则不断往前运转。行业规模越大，时间越久远，越景气，这些市场规则也就越根深蒂固。但是当行业开始变得脆弱，市场增长放缓，竞争对手坚不可摧，顾客关心价格甚于关心价值，技术步入稳定期的时候，规则通常会被打破。创造一个商业模式，好比为市场讲一个新的故事，并为这个故事确定好自己新的游戏规则。这个新规则，必须是在充分了解原有市场规则的基础上，从原有规则弊端和劣势分析出发，再结合企业自身独特的优势和资源，最终开发出的新的市场规则，以打破原有市场规则，从而获得新的商业机会。例如，20世纪80年代初，苹果电脑公司抛弃传统的"电脑一定是体积庞大的、难于操作的"观点，率先推出最早的个人电脑苹果I、苹果II；宝丽来研制出一种相机，无须冲洗就能照相；联邦快递隔夜就可以送达包裹。

第二步：价值发现的过程，即通过对高利润区和需求结构变化的探索，发现新价值，并定位新价值。

战略定位其实是从消费需求结构的变化角度入手，去发现市场价值，开发出独特的价值主张并将企业整个商业系统定位在哪里的过程。战略定位主要是确定企业的"顾客价值主张"。首先必须弄清楚行业利润定律，即行业"最高利润区"在哪里？除此之外，行业的利润区或者说价值，是不断转移的，当利润区或价值在行业内向新的区域转移时，企业的战略定位需要跟进。

一个完整的客户价值主张，应该包括四个层面的定位：一是客户需求结构定位，二是产业的定位，三是市场定位，四是产品或服务的定位。凡是成功的公司都要能找到某种为客户创造价值的方法，即帮助客户解决某些需要解决的根本问题。客户需要解决的问题重要性越高，同时客户对行业原有的解决方案满意度越低，解决方案比其他对手更好，那么客户价值主张就越卓越。

第三步：价值创造与维护系统的打造。

战略定位是对价值的发现和选择以及提供什么样的价值定位系统。在商业模式设计中，仅仅发现和确定了价值是不够的。企业还要根据价值定位，依靠一套内外部系统把这种价值真正地创造出来,并在创造价值的基础上,为这些价值建立一套维护的壁垒系统。价值的创造系统,分为五个部分:业务范围、整合产业链、构建协作网络、打造盈利模式和打造关键运营系统。要创造价值,企业首先必须给自己的业务范围划定界限,哪些由自己做,哪些由别人做,以求得用最少的资源产生最大的价值回报。同时企业要明白,仅仅依靠企业自身,往往不能更有效地创造价值,所以企业有必要从产业链的上下游、纵向和横向地去整合产业链,构建一个由企业主导的价值创造网络,并在这个网络中,实现多方共赢。

第四步:价值传递系统的打造。

价值创造很重要,但是价值的传递同样重要。有了好的价值,如果没有好的价值传递系统,"酒香也怕巷子深",这就像怀揣珠宝而乞讨,客户一旦不能接触、了解并接受,所有的价值都等于零。价值传递系统是企业把产品或服务传递给目标客户的分销、服务、传播和客户关系管理活动,目的是便于目标客户方便地购买和了解公司的产品或服务,并形成客户忠诚。

商业模式的价值传递系统,第一个步骤就是传播和沟通客户需求;第二个步骤就是交付客户价值;第三个步骤就是将价值的沟通、交付转换成与客户之间的持久关系,让客户能够一次又一次地从本企业进行购买,成为忠诚顾客;第四个步骤则是向客户提供服务和增值。

第五步:价值最大化系统的打造。

构建商业模式的目的,一是让企业建立核心竞争能力;二是让企业价值最大化,并有可能在融资和资本市场上实现融资最大化,以帮助企业再进一步做大做强。企业价值最大化,就是在商业模式优化的基础上,市场和投资者对企业未来预期获利能力的预估和评价。有四个因素决定了一个公司的市场价值,它们分别为销售利润率、预期利润增长率、资产效率和战略控制。

企业是否具有强大的预期获利能力,第一,看它能否具有为客户创造价值的能力以及实现客户价值的程度,企业能否为客户提出一种清晰的、独特的、有力的客户价值主张,企业是否完全地甚至超预期地满足客户需求;第二,看这个企业的盈利模式,这种盈利是否来自客户价值创造,是否具有独特性;第三,看企业的战略控制手段的控制能力强弱,是否能够保持客户长期忠诚,并形成企业在产业链中不可替代的战略地位,并有效地防止竞争对手的模仿,建立模仿壁垒。

第六步:使各要素相互加强、相互优化。

战略定位决定了企业向客户提供了什么价值主张,业务范围确定了企业应该开展哪些运营活动以及如何设计协作网络,内部运营系统则规范了内部运营流程和管理流程,整合产业链则更多地强调企业在产业链中的地位以及如何与合作伙伴展开协作。在商业模式创建中,商业模式画布中的九大要素不是一个静止的简单的组合过程,企业的下一步工作就是要保证这些要素之间有机组合,互相加强和优化,以确保企业各个运营部分能够协调一致地执行商业模式,并使得效益最大化。

第三节　商业模式的创新与发展

一、商业模式创新的含义

商业模式创新作为一种新的创新形态,其重要性不亚于技术创新。近几年,商业模式创新在商业界也成为流行词汇。

商业模式创新是指企业价值创造提供基本逻辑的创新变化,它既可能包括多个商业模式构成要素的变化,也可能包括要素间关系或者动力机制的变化。通俗地说,商业模式创新就是指企业以新的有效方式赚钱。

二、商业模式创新的构成条件

由于商业模式构成要素的具体形态表现、相互间关系及作用机制的组合几乎是无限的,因此,商业模式创新企业也有无数种。但可以通过对典型商业模式创新企业的案例考察,看出商业模式创新的三个构成条件。

构成商业模式创新的必要条件包括：

第一，提供全新的产品或服务、开创新的产业领域，或以前所未有的方式提供已有的产品或服务。例如，格莱珉银行（Grameen Bank）面向穷人提供的小额贷款产品服务，开辟全新的产业领域，是前所未有的。亚马逊卖的书和其他零售书店没什么不同，但它卖的方式全然不同。美国西南航空提供的也是航空服务，但它提供的方式，也不同已有的全服务航空公司。

第二，其商业模式至少有多个要素明显不同于其他企业，而非少量的差异。如格莱珉银行不同于传统商业银行，它主要以贫穷妇女为主要目标客户、贷款额度小、不需要担保和抵押等。亚马逊相比传统书店，其差异性有产品选择范围广、通过网络销售、在仓库配货运送等。西南航空也在多方面，如提供点对点基本航空服务、不设头等舱、只使用一种机型、利用大城市不拥挤机场等，不同于其他航空公司。

第三，有良好的业绩表现，体现在成本、盈利能力、独特竞争优势等方面。如格莱珉银行虽然不以营利为主要目的，但它一直是盈利的。亚马逊在一些传统绩效指标方面良好的表现，也表明了它商业模式的优势，如短短几年时间就成为世界上最大的书店。数倍于竞争对手的存货周转速度给它带来独特的优势，消费者购物用信用卡支付时，通常在 24 小时内到账，而亚马逊付给供货商的时间通常是收货后的 45 天，这意味着它可以利用客户的钱长达一个半月。西南航空公司的利润率连续多年高于其全服务模式的同行。如今，美国、欧洲、加拿大等国家中短途民用航空市场，一半已逐步被像西南航空那样采用低成本商业模式的航空公司占据。

三、商业模式创新的特点

创新概念可追溯到熊彼特，他提出，创新是指把一种新的生产要素和生产条件的"新结合"引入生产体系。具体有五种形态：开发出新产品、推出新的生产方法、开辟新市场、获得新原料来源、采用新的产业组织形态。相对于那些传统的创新类型，商业模式创新有几个明显的特点：

（一）商业模式创新更注重从客户的角度，从根本上思考设计企业的行为，视角更为外向和开放，更多注重和涉及企业经济方面的因素

商业模式创新的出发点是如何从根本上为客户创造增加的价值。因此，它逻辑思考的起点是客户的需求，根据客户需求考虑如何有效满足它，这点明显不同于许多技术创新。用一种技术可能有多种用途，技术创新的视角，常是从技术特性与功能出发，看它能用来干什么，去找它潜在的市场用途。商业模式创新即使涉及技术，也多是和技术的经济方面因素，与技术所蕴含的经济价值及经济可行性有关，而不是纯粹的技术特性。

（二）商业模式创新表现得更为系统和根本，它不是单一因素的变化

它常常涉及商业模式多个要素同时的变化，需要企业组织的较大战略调整，是一种集成创新。商业模式创新往往伴随产品、工艺或者组织的创新，反之，则未必足以构成商业模式创新。如开发出新产品或者新的生产工艺，就是通常认为的技术创新。技术创新，通常是对有形实物产品的生产来说的。但如今是服务为主导的时代，如美国2006年服务业比重高达68.1％，对传统制造企业来说，服务也远比以前重要。因此，商业模式创新常体现为服务创新，表现为服务内容及方式、组织形态等多方面的创新变化。

（三）从绩效表现看，商业模式创新如果提供全新的产品或服务，那么它可能开创了一个全新的可盈利产业领域，即便提供已有的产品或服务，也更能给企业带来更持久的盈利能力与更大的竞争优势

传统的创新形态，能带来企业局部效率的提高、成本降低，而且它容易被其他企业在较短时期内模仿。商业模式创新，虽然也表现为企业效率提高、成本降低，由于它更为系统和根本，涉及多个要素的同时变化，因此，它也更难以被竞争者模仿，常给企业带来战略性的竞争优势，而且优势常可以持续数年。

【创业案例 4-2】

zTailors——裁缝界的 Uber

开自己一手创办的男装零售品牌 Men's Wearhouse 两年之后,67 岁的 GEORGE Zimmer 推出了自己的新事业——zTailor,号称"裁缝界的 Uber"。

顾客可以通过 zTailors 的 App 预定裁缝,裁缝根据顾客要求对衣服进行测量、更改,于规定的时间内交付并收取一定费用。客户通过 App 预定一位裁缝,无须预约费,之后裁缝便会上门服务。通常一周内上门交付,当场试穿,任何不满意的地方都可以免费更改。

根据不同需要,每件单品的人工费在 10—100 美元之间,zTailors 会分享裁缝所得收入的 35%。zTailors 目前在美国主要城市雇用了 600 位裁缝,每一位裁缝至少有 5 年工作经验,且均通过了背景核查。

(资料来源:根据搜狐网《67 岁的 Men's Wearhouse 创始人打造裁缝界的 Uber》整理
网址:https://www.sohu.com/a/18023679_188988)

四、商业模式创新的四种方法

商业模式创新就是对企业的基本经营方法进行变革。一般而言,有四种方法:改变收入模式(revenue model innovation)、改变企业模式(enterprise model)、改变产业模式(industry model innovation)和改变技术模式(technology-driven innovation)。

(一)改变收入模式

改变收入模式就是改变一个企业的用户价值定义和相应的利润方程或收入模型。这就需要企业从确定用户的新需求入手。这并非是市场营销范畴中的寻找用户新需求,而是从更宏

视野拓展

商业模式创新的
5 个核心步骤

观的层面重新定义用户需求,即去深刻理解用户购买你的产品需要完成的任务或要实现的目标是什么(consumers' job-to-be-done)。其实,用户要完成一项任务需要的不仅是产品,还是一个解决方案(solution)。一旦确认了此解决方案,也就确定了新的用户价值定义,并可依次进行商业模式创新。

国际知名电钻企业喜利得公司(Hilti)就从此角度找到用户新需求,并重新确认用户价值定义。喜利得一直以向建筑行业提供各类高端工业电钻著称,但近年来,全球激烈竞争使电钻成为低利标准产品。于是,喜利得通过专注于用户所需要完成的工作,意识到它们真正需要的不是电钻,而是在正确的时间和地点获得处于最佳状态的电钻。然而,用户缺乏对大量复杂电钻的综合管理能力,经常造成工期延误。因此,喜利得随即改动它的用户价值定义,不再出售而改为出租电钻,并向用户提供电钻的库存、维修和保养等综合管理服务。喜利得公司变革其商业模式,从硬件制造商变为服务提供商,并把制造向第三方转移,同时改变盈利模式。戴尔、沃尔玛、道康宁(Dow Corning)、Zara、Netflix 和 Ryanair 等都是如此进行商业模式创新的。

(二)改变企业模式

改变企业模式就是改变一个企业在产业链的位置和充当的角色,也就是说,改变其价值定义中"造"和"买"(make or buy)的搭配,一部分由自身创造(make),其他由合作者提供(buy)。一般而言,企业的这种变化是通过垂直整合策略(vertical integration)或出售及外包(outsourcing)来实现的。如谷歌意识到大众对信息的获得已从桌面平台向移动平台转移,自身仅作为桌面平台搜索引擎会逐渐丧失竞争力,于是实施垂直整合,大手笔收购摩托罗拉手机和安卓移动平台操作系统,进入移动平台领域,从而改变了自己在产业链中的位置及商业模式,由软变硬。IBM 也是如此,它在 20 世纪 90 年代初期意识到个人电脑产业无利可图,即出售此业务,并进入 IT 服务和咨询业,同时扩展它的软件部门,一举改变了它在产业链中的位置和它原有的商业模式,由硬变软。

(三)改变产业模式

改变产业模式是最激进的一种商业模式创新,它要求一个企业重新定义本产业,进入或创造一个新产业。例如,IBM 通过推动智能星球计划(Smart Planet Initiative)和云计算,重新整合资源,进入新领域并创造新产业,如商业运营外包服务(business process outsourcing)和综合商业变革服务(business transformation services)等,力求成为企业总体商务运作的大管家。亚马逊也是如此,它正在进行的商业模式创新向产业链后方延伸,为各类商业用户提供如物流和信息技术管理的商务运作支持服务(Business Infrastructure Services),并向它们开放自身的 20 个全球货物配发中心,进入云计算领域,成为提供相关平台、软件和服务的领袖。其他如高盛(Goldman Sachs)、富士(Fuji)和印度大企业集团 Bharti Airtel 等都在进行着这类的商业模式创新。

(四)改变技术模式

正如产品创新往往是商业模式创新的最主要驱动力,技术变革也是如此。企业可以通过引进激进型技术来主导自身的商业模式创新,比如当年众多企业利用互联网进行的商业模式创新。当今,最具潜力的技术是云计算,它能提供诸多崭新的用户价值,从而提供企业进行商业模式创新的契机。另一项重大的技术革新是 3D 打印技术。一旦成熟并能商业化,它将帮助诸多企业进行深度商业模式创新。例如,汽车企业可用此技术替代传统生产线来打印零件,甚至可采用戴尔的直销模式,让用户在网上订货,并在靠近用户的场所将所需汽车打印出来。

当然,无论采取何种方式,商业模式创新需要企业对自身的经营方式、用户需求、产业特征及宏观技术环境具有深刻的理解和洞察力。这才是成功进行商业模式创新的前提条件,也是最困难之处。

巩固复习

第四章

课后思考题

一、基本概念

商业模式　商业模式创新

二、简答题

1.商业模式的核心逻辑是什么？

2.商业模式画布的九大模块分别是什么？

3.商业模式设计的主要原则有哪些？

4.商业模式创新的构成条件有哪些？

5.商业模式创新的四种方式是什么？

第五章　创业资源的获取与整合

▶ **学习目标**

1. 认识创业资源的含义及价值。
2. 了解创业资源获取的途径。
3. 掌握创业资源评估的主要方法。
4. 掌握创业资源整合的主要模式和主要方式。

案例导入

"万事开头难",很多学生认为创业需要启动资金、人脉、场地等各类资源,但是自己似乎什么都没有,想开始创业那是难上加难。但是却也有人通过"借鸡生蛋"的方法,赚到了创业的第一桶金。

林金培是福州某大学的一名毕业生,他现在已经拥有7家实体门店、30多名员工,其中经营的一家公司仅运营半年,营业额就超过了800万元,利润近百万元。他的创业故事还得从他大二在学校做校园代理说起。

大二那年的10月份,林金培花了两周时间在校门口观察,发现周末两天就有15辆旅游巴士从这里出团,按每辆车40人计算,就有600人出游。一所8000人左右的学校,周末有近10%的学生出游,可见大学生旅游市场潜力很大。

他想创业做校园旅游项目,可是开旅行社要不少钱,他根本没有这个实力,于是他就想办法上门找旅游公司谈,在校园占据份额最少的那家旅行社给的返点最高,于是他决定给他们拉生意。

第一个星期,靠朋友关系仅成交了一单。从第二周开始,他便在校园张贴海报,在路边发传单,挨个宿舍推销自己的"产品",渐渐地有人主动联系他,陆续接到一些集体出游的单子。前两个月,总共接了 20 多单,有了 6000 多元收入。看着代理效果不错,他便在学校里成立了见习与创业协会,40 多名协会成员参与旅游代理业务,在团队共同努力下,不到半年时间就盈利 4 万多元,同时增设了驾校报名项目。

在代理旅行社产品的同时,创业团队还开发了适合大学生集体出游的户外项目,比如烧烤、登山、踏春等,在福州更大网站发布出游信息,吸引其他高校的学生报名参加旅游。如今该创业团队已建立跨校区联盟销售团队,将本校的代理模式复制到了福州其他高校。

(资料来源:根据 360 文库资料《创业人物访谈总结详细分析报告》整理
网址:https://wenku.so.com/d/da7d8f86562c52307e4f10a72ebe72f2)

第一节　创业资源概述

一、创业资源的内涵和种类

(一)创业资源的内涵

如果你能够发现特定资源的价值或者善于获得资源,创业机会将处处存在。否则,它永远不可能出现或存在。

资源与创业者的关系就像颜料和画笔与艺术家的关系那样。获取不到创业所需的资源,创业机会对创业者来说毫无意义。就整个创业过程来说,创业机会的提出来自创业者依靠自身的资源财富对机会的价值确认。例如,同样的产品或者盈利模式,一些人会付诸行动去创收,其他人却往往放任机会流失。

对于后者来说,往往是缺乏必要的创业资源,因此,从这一角度看,创业就是把创业机会的识别与创业资源的获取结合起来。

"巧妇难为无米之炊。"同样,没有资源,创业者也只能望着商机兴叹。资源就是任何一个主体,在向社会提供产品或服务的过程中,所拥有能支配的能够实现自己目标的各种要素及要素组合。创业资源是指新创企业在创造价值的过程中需要的特定的资产,包括有形与无形的资产,它是新创企业创立和运营的必要条件。

(二)创业资源的种类

按照不同的标准,创业资源可以分为不同的类别。根据是否直接参与企业生产划分,主要有以下几类:

1. 要素资源和环境资源

创业资源是新创企业成长过程中必需的资源,按照资源对企业成长的作用,我们将其分为要素资源和环境资源两大类。

对于直接参与企业日常生产、经营活动的资源,我们称之为要素资源。要素资源主要分为以下几种:

(1)场地资源:包括场地内部的基础设施建设、便捷的计算机通信系统、良好的物业管理和商务中心,以及周边方便的交通和生活配套设施。

(2)资金资源:包括及时的银行贷款和风险投资、各种政策性的低息或无偿扶持基金,以及写字楼或者孵化器所提供的便宜的租金。

(3)人才资源:人才是关系企业生死存亡的要素。对于人才资源的重要性,比尔·盖茨曾经说过,如果可以让我带走微软的研究团队,我就可以创造另一个微软。一个企业要想做大做强,必须把人才资源置于极其重要的战略地位。

(4)管理资源:管理资源是一种无形的、动态的间接资源。科学技术是第一生产力,人们从亲身的实践中已经认识到科学技术能够使生产、交通发展起来,使人民生活富裕起来,但是科学技术现代化只有与管理现代化相结合,科学技术才能转化为现实的生产力。

管理资源又可以分为管理人才资源、管理组织资源、管理技术资源和管理信息资源。

事情是靠人来做的,管理组织的改善、管理职能的实施、管理方法的采用、管理手段的运用都要靠人来实现。管理人员的素质决定着管理水平的高低、决定着管理资源的开发和利用的程度,决定着社会生产力的发展。比如,日本就把对管理人员的培养、使用当作"与日本未来命运相关的重大问题"。

管理具有组织功能,有了组织,管理者才有用武之地,开发管理资源也就有了组织保证。而且组织本身也是一种资源,开发管理资源必须注意发挥组织的作用。

管理技术一般是指决策技术。决策是人们确定未来行动的目标,并从两个以上实现同一目标的可行方案中选择一个最优方案的分析判断过程,是为了实现系统和环境的适应能力,并取得动态平衡。决策方法必须科学,决策者必须根据客观实际的需要,用科学决策代替经验决策,必要时,还要有后备方案,进可攻、退可守,为实现预期目标要有多方面思考,从而为实现预期目标提供更大的回旋余地。

信息普遍存在于自然界和人类社会中,在现代化生产中,信息是作为生产要素之一参加生产的。企业为了求得自身的生存和发展,时刻也不能离开信息。企业从周围环境和本系统中不断取得各种信息,进行传递、交流、加工、储存与处理分析,从获得的不同信息中提炼出有用的信息,据以研究市场变化和物资供求情况,控制和管理企业的物资(或生产)经营活动,促进各流通(或生产)环节的协调,实现企业的物资(或生产)经营目标。

(5)科技资源:科技资源是人类从事科技活动所利用的各种物质与精神财富的总称。它是科技创新的物质基础,也是企业持续稳定发展的重要保障。它包括对口的研究所和高校科研力量的帮助,与企业产品相关的科技成果以及进行产品开发时所需要用到的专业化的科技试验平台等。对于新创企业来说,积极寻找并引进有商业价值的科技成果,将有助于加快产品研发速度,为企业在市场上的竞争提供必要的支持。

对于未直接参与企业生产,但其存在可以极大地提高企业运营的效率的资源,则称之为环境资源。环境资源主要分为以下几种:

(1)政策资源:包括允许个人从事科技创业活动,允许技术入股,支持各国的高科技合作,为国际学生在华创业解除家属签证、子女入学等后顾之忧,简化政府的办事手续等。政策作为一种特殊资源已越来越被人们所重视。实践证明,谁善于有效地、最大限度地开发和利用政策资源,谁就能在竞争激烈的市场中处于有利地位。

(2)信息资源:信息资源是指人通过一系列的认识和创造过程,采用符号形式储存在一定载体(包括人的大脑)之上的、可供利用的全部信息。信息资源与企业的人力、财力、物力和自然资源一样,同为企业的重要资源,且为企业发展的战略资源。信息资源包括及时的展览会宣传和推介信息、丰富的中介合作信息、良好的采购和销售渠道信息等。

(3)文化资源:文化资源是由企业形象、企业声誉、企业凝聚力、组织士气、管理风格等一系列具有文化特征的无形因素构成的一项重要资源,是以一系列社会形象或文化形象的形式存在于评价者心中,并与其载体密不可分。文化资源的形成与发展是其他资源效力发挥的累积结果,可以迁移到被兼并或被控股的公司和新成立的企业中,企业形象、品牌信誉等还可以从原来产品转移到新产品中。

(4)品牌资源:品牌资源是指企业品牌本身以及围绕品牌的创建、传播、培育、维护、创新等方面所涉及的一切可利用资源,包括企业内部可利用资源和企业外部可利用资源。在某种意义上,市场经济就是品牌经济,创业的成功就是培育品牌的成功。国际学生创业者在挖掘自身可供利用的品牌资源时,可以借助大学或优秀企业的品牌,借助科技园或孵化器的品牌以及借助社会上有影响力的人士对企业的认可等。

2. 内部资源和外部资源

创业资源从控制主体角度,可分为内部资源和外部资源两种。

创业者的内部资源主要是指创业者个人的能力及其所占有的生产资料及知识技能。拥有一份良好的内部资源,对创业者个人来说无疑是重要的。

内部资源主要包括:

(1)现金资产:现金资产是指创业者本人及家庭可以随时支配的现金和银行存款。当然,易于变现的国债、股票等可以视同现金资产。这里要注意的是,创业者一定要为家庭的生活留有余地,不能将家中所有资金都用于创业。

(2)房产和交通工具:这种资源一方面可以作为创业的硬件资源;另一方面

可以作为现金资产的补充,在需要的情况下,可以作为抵押品向银行或其他投资人申请融资。当然你更要弄清楚房产和交通工具是不是可以支配,如果是按揭方式购置的,就要大打折扣了。

(3)技术专长:这里说的技术专长包括有形的和无形的。有形的是指已申请成功的发明专利、实用新型专利和外观专利,或者是某一领域公认的专家,如注册会计师、律师、高级美工师、设计师、工程师、医生、心理咨询师等;无形的是指专有技术、科研成果或者对某个特殊行业和领域的深入研究。

(4)信用资源:信用资源是各种自然资源和社会资源的基础,它随着市场经济的发展,在经济运行过程中发挥着越来越重要的功能和作用。个人信用资源的主体主要涵盖两个方面:一是个人资产信用。在市场经济条件下,如果仅仅因为你是老实人、从不说谎等因素而到银行去借钱,银行虽然以此作为衡量能否贷款的依据之一,但并不因此会贷款给你;如果你有存款或房产等,则获取银行贷款就容易得多了。二是个人的道德品质和素质能力。个人诚实守信的品质、以往能够证明其诚信的记录以及在一定程度上说明其素质的受教育程度等,是其信用资源的一部分,即道德信用部分。你有没有信用污点?如果没有,想象一下你能够通过你长期积累的信用资源做些什么事?或是有人根据你的信用愿意给你投资,或是有人愿意借钱给你,或是有人愿意为你铺货,或是至少有人愿意在你还没有付工资的情况下为你工作。

(5)商业经验:商业经验即对市场经济和游戏规则的了解程度。对于创业者来说,在创业所需要的所有资源中,商业经验显得尤为重要,有了经验,其他资源可以凭借过去所获得的经验去获取。比如,缺资金,可以凭已获得的经验去赚、去整合,甚至去借贷;缺项目,可以凭经验去发掘和收集。但这里要注意,商业经验主要不是向别人学的,而是靠自己在实际工作中摸索和积累的,因为即使别人用得很好的经验,对你也未必适用,一定要具体问题具体分析。但也有很多创业者会陷入这样一种困惑中:没有资金,连做的机会都没有,更谈不上摸索和积累。因此他们被挡在创业的大门之外,在这种情况下,他们可能由于视野问题,忽视了一个最好的机会,那就是去打工——有意识和准备地去打工,在工作的过程中去获得并积累自己最终创业所需要的经验。通过打工,你可以积累管理、营销等很多以后单独创业所需要的商业经验,同时,你还可以积累创业所需要的资金、人脉、技术等方面的资源。要达到这样的效果，前提只有一个：为创业而打工，把打工当作自己创业的第一步！

创业者的外部资源比内部资源复杂得多，可以包括朋友、亲戚、商务伙伴或其他投资者、投资人的资金，或者包括借到的人、空间、设备或其他原材料（有时是由客户或供应商免费或廉价提供的），或通过提供未来服务、机会等换取到的，有些还可能是社会团体或政府资助的管理帮助计划。创业者在开始创业的时期面临的一个重要问题即资源不足，一方面，企业的创新和成长需要消耗大量资源；另一方面，企业自身还很弱小，很难实现资源的自我积累和增值。所以，企业只有从外部获取到充足的创业资源，才能实现快速成长，这也是创业资源有别于一般企业资源的独特之处。

很多创业成功者都是利用资源的高手，不管是资本资源还是市场资源或者是技术成果资源，他们都能很好地利用。对创业者来说，利用外部资源是一种非常重要的方法，在企业的创立和早期成长阶段尤其如此。创业者获取外部资源最重要的一点是人脉资源。一个创业者如果不能在最短的时间建立起属于自己的最广泛的人际网络，那他的创业一定会非常艰难，即使初期能够依靠其领先于同行业的技术或者自身素质，比如吃苦耐劳或精打细算，获得某种程度上的成功，但这种企业也很难持续稳定发展。

创业者的人脉资源按其重要性可分为：

（1）同学资源。在创业专家研究的上千个创业者案例中，有许多成功者的身后都可以看到其同学的身影，有少年时代的同学、有大学时代的同学，更有各种成人班级如进修班、研修班上的同学。赫赫有名的《福布斯》中国富豪南存辉和胡成中就是小学和中学时的同学，一个是班长，一个是体育委员，后来两人合伙创

视野拓展

创业过程中如何
增加人脉资源

业，在企业做大以后才分了家，分别成立了正泰集团和德力西集团。一位创业者在接受创业专家的采访时说，他到中关村创立公司前，曾经花了半年时间到北大企业家特训班上学、交朋友。他开始的十几单生意，都是在同学之间做的，或是由同学帮着做的。同学的帮助在他创业的起步阶段起了很大的作用。

（2）职业资源。所谓职业资源，即创业者在创业之前，为他人工作时所建立的各种资源，主要包括项目资源和人际资源。充分利用职业资源，从职业资源

入手创业,符合创业活动"不熟不做"的原则。尤其是中国目前还没有像欧美国家一样,在普遍认同和执行"竞业避止"法则的情况下,选择从职业资源入手进行创业,已经成为许多人创业成功的捷径和法宝。如昆明的"云南汽车配件之王"何新源,在创办新晟源汽配公司之前,就在省供销社从事相同的工作。有名的宝供物流,其创始人刘武原来也是汕头供销社的一名职工,被单位派到广州火车站从事货物转运工作,后来承包转运站,再后来利用工作中建立的各种关系创立了宝供物流,通过为宝洁公司做物流配送商,一举成为中国物流业之翘楚。前中学数学教师、"好孩子"创始人、《福布斯》中国富豪宋郑还是通过一位学生的家长得到了第一批童车订单,这才知道世界上原来还有童车这样一个赚钱的东西的。同时,宋郑还做童车的第一笔资金也是得到一位在银行做主任的学生家长的帮助。如果没有学生家长的帮助,宋郑还可能会一事无成。据调查,中国离职下海创业的人员,90%以上利用了原先在工作中积累的资源和关系。

(3)朋友资源。朋友应该是一个总称。同学是朋友,战友也是朋友,同乡是朋友,同事一样是朋友。一个创业者,要广交朋友,就好像十八般武艺,到时候说不定就用上了。朋友好像资本,对创业者来说是多多益善。"在家靠父母,出门靠朋友","多一个朋友多一条路",这些俗语用在创业方面同样是至理名言。一个创业者如果没有几个朋友,在创业的道路上必然是遍布荆棘的。创业专家普遍认为,人际交往能力应列在创业者素质的第一位。

二、创业资源的作用

创业者获取创业资源的最终目的,是通过整合这些资源并抓住创业的机会,提高创业的成功率。无论这些资源是否直接参与企业的生产,都会对创业绩效产生很大影响。

（一）要素资源可以直接促进新创企业的成长

1. 场地资源

任何企业都要有生产和经营的场所，高科技创业企业也不例外，这是企业存在的首要条件之一。例如，为科技人员提供舒适的研究开发环境和高速网络通信系统，为市场人员提供便捷的商务中心和配套设施等，将有助于新创企业更快更好地成长。

2. 资金资源

充足的资金将有助于加速新创企业的发展。高科技新创企业无论是进行产品研发还是生产销售，都需要大量的资金。而且，新创企业往往由于资产不足而缺乏抵押能力，很难从银行得到足够的贷款，这更使得资金资源成为企业高速发展的瓶颈。因此，如何有效地吸收资金资源是每个创业者都极为关注的问题。

3. 人才资源

人才对于高科技企业的成长和发展已经越来越重要。事实上，当代企业管理中的人才已经由传统的"劳动力"概念转变为"人力资本"的概念。高素质人才的获取和开发，成了现代企业可持续发展的关键；而对于高科技企业来说，因为其更大的知识比重，人才资源则更为重要。

4. 管理资源

高科技企业的创业者大多是科技人员出身，他们本身具备较强的科研能力，但是对于企业管理知识往往有所欠缺，很多高科技创业企业都失败于管理不善，这意味着拥有一套完整而高效的管理制度是新创企业的宝贵资源。当然，在企业缺乏这一资源时，专业的管理咨询策划将有助于提高新创企业的生产和运作效率。

5. 科技资源

高科技新创企业主要是研发和生产科技产品，科技资源的重要性不言而喻。积极引进寻找有商业价值的科技成果，加强和高校科研院所的产学研合作,将有助于加快产品研制和成型的速度,缩短产品进入市场的时间,为企业的市场竞争提供有力支持。

(二)环境资源可以影响要素资源,并间接促进新创企业的成长

1. 政策资源

从各国的创业环境看,发展高科技企业需要制定相应的扶持政策,只有在政策允许的条件下,新创企业才能获得更多的人才、贷款和投资、具有明确产权关系的科技成果、各种服务和帮助以及场地优惠等。当然,政策资源是公共资源,所有同质的高科技企业都可以享受,但新创企业更应该重视利用政策资源。

2. 信息资源

专业机构对于信息的搜集、处理和传递,可以为创业者制定研发、采购、生产和销售的决策提供指导和参考。对于高科技新创企业来说,由于竞争十分激烈,就更加需要丰富、及时、准确的信息,以争取到更多的要素资源。这种信息如果由创业者通过市场调研分析获得,成本可能过高。因此,信息资源常常由专业机构提供。

3. 文化资源

文化资源是企业发展中重要的一环,对于新创企业来说,文化资源尤为珍贵。硅谷成功的一个很重要的原因是那里的文化氛围很浓厚,如鼓励冒险、容忍失败等。文化,对于新创企业和创业者有着极大的精神激励作用,能为新创企业提供更强的动力,并能为新创企业创造价值。

4. 品牌资源

新创企业所置身的环境也具有一定的品牌效应。例如,优秀的孵化器能为高科技新创企业提供品牌保证,这可以提高政府、投资商和其他企业对在孵企业信誉度的估价,有助于提升新创企业获取资金、人才、科技、管理等资源。创业者要善于利用品牌资源,扩大新创企业和品牌之间的互动,以增强社会影响力。

第二节　创业资源的获取

创业所需的资源有两个来源，一是内部，二是外部。阿玛·百蒂曾说："准创始人中绝大部分面临的最大挑战不是筹集资金，而是如何在没有资金的情况下把事情办好的智慧和干劲。"创业者如何有效地获取和利用资源是创业能否成功的关键。

【创业案例 5-1】

阿根廷想采购 2000 万的丁烷气体，图德拉决定去碰碰运气。但他却碰到了强劲的对手，他精心调查，谋划合作的方法。他发现一则重要消息：阿根廷牛肉过剩，正不惜代价卖掉这些牛肉。他找到阿根廷政府说：如果你买我 2000 万的丁烷，我就买你 2000 万的牛肉，于是当场签了协议。他拿着牛肉的供货单跑到西班牙，那里的造船厂没有订单濒临倒闭。他说如果你买我 2000 万的牛肉，我就在你们的造船厂，打一艘 2000 万的超级油轮。西班牙政府的难题轻而易举地解决了。他返回美国，到费城的石油公司对他们说，如果你们买我在西班牙建造的 2000 万的超级油轮，我就卖你们 2000 万的"丁烷气体"。太阳石油公司见有利可图，就同意了。就这样，图德拉一分钱不花，空手打进了石油界，从此大发横财。

（资料来源：根据今日头条网站《这么多人都富了，你还不学学人家啊?!》整理

网址：https://www.toutiao.com/article/3819262171/）

一、获取创业计划的途径

实践表明,创业者可通过以下途径来获取商业计划:一是吸引他人以商业计划作为知识产权资本,加入自己的创业团队,成为未来新创企业的一个股东;二是购买他人已有的创业计划,但应注意要进行理性甄别,并借助专家力量对该计划进行完善;三是构思自己的创意,委托专业机构研究、编制创业计划。

二、获取人脉资源的途径

人脉即人际关系,人际网络,体现的是人缘、社会关系。戴尔·卡耐基说过:"专业知识在一个人成功中的作用只占 15％,而其余的 85％则取决于人际关系。"在美国有一句流行语:"一个人能否成功,不在于你知道什么,而在于你认识谁。"对于个人来说,专业是利剑,人脉是秘密武器。如果光有专业,没有人脉,个人竞争力就是一分耕耘,一分收获;但若是加上人脉,个人竞争力就是一分耕耘,数倍收获。

在"Never Eat Alone"(《别独自用餐》)中,作者在结尾处道出:"我们不是为了搞人际关系而去交朋友,不断去结识朋友,它本身就是一种生活方式,所谓成功的人际交往其实就是以另一种方式来看这个世界……所谓人生,本质上就是我们在这一生中跟哪些人共同度过。"[①]

我们在获取与经营自己的人脉圈时,不应居高临下,也不应低声下气,人与人之间的交流应建立在平等互利、自尊同时尊重他人的基础之上。穷人最可怜之处不是缺乏物质资源,而是把那些可能帮助自己成功的人推开、隔离开。获取人脉资源的途径主要有以下几个方面:

(1)自身的高度决定了人脉的高度。创业者要把自己变得更有价值,让别人看到自己的价值。人与人交往,大部分都是功利性的,如果你本身层次就很低,高层次的人就不喜欢和层次低的人打交道。人要往高处走,只有不断提升

---

① (美)基思·法拉奇.别独自用餐[M].上海:文汇出版社,2017.06.

个人能力,用你的能力去帮助别人,你的人脉高度才能不断提升。

(2)要勇于走出去,善于结交陌生人。很多时候,很多创业者认为人脉会自动送上门,这是完全错误的。大部分的人都必须自己去主动争取。多参加一些行业会议,多与同行沟通,多分享你的观点,多去结交一些陌生人。很多有能力的人看似高不可攀,实际上他们也喜欢具有某一种特质的朋友,你可以利用你本身的特质去打动他们,成为朋友。

(3)把你的人脉带给其他人。有付出才有收获,很多时候你想获得人脉,你必须向人家展示你的人脉,帮助别人获得你的人脉。这本身就是对等的,这才能形成良性的互动,即我们俗话说的"礼尚往来"。

(4)只要有机会就帮助别人。人都会有遇到困难需要人帮助的时候,别人向你求助,只要是合理请求,都要认真提供帮助。但是要注意的是帮助别人需要量力而行,需要承诺的时候要留有余地,不要大包大揽。人脉资源是每个人的宝藏,可以开发的潜力是无限的,关键是要学会利用这座宝藏。

阅读资料

人脉的积累方式

很多年轻人会担心,"我人微言轻,又无经验,人脉不就是互相帮忙吗?我帮不上别人的忙,人家凭什么要来和我打交道呢?"其实这是一种误解。

让你的人脉和你共同成长

30岁以前靠能力,30岁以后靠人脉。

为什么要30岁以后呢?就是等你和你的人际关系网一起长大,大家的能量就在往上涨。所以,开始建立人脉时,你的为人必定要热心,你的贡献越大,价值越大,别人愿意为你付出的也就越大。

帮不上大忙帮小忙

首先要做到乐意和别人分享——分享知识,你的专业知识有时能帮上很多人的忙;分享资源,包括物质和朋友关系方面的;分享爱心,实在帮不上忙,表达真诚的关心,别人也会铭记在心。

内向人士,请多用网络

内向的人可以考虑多使用网络积累人脉。与网友建立起许多"小圈子",在互联网经济高度发达的今天，这也是一种人脉资源的积累。

"小人脉"和"大人脉"请同时积累

很多年轻人抱怨自己认识的人太少，建议是：不要选择，所有的人脉一概积存起来。而最简单的办法，就是利用工作途径，把工作中认识的人变成你的人脉。

什么叫"小人脉"？例如，去拜访一位做行政的朋友，她拉开抽屉，拿出一大摞名片，分门别类地告诉我：如果急用，可以找供货商老张，他送货上门；如果希望价格最低，自己可以跑去七浦路某摊位找小陈；总之不要去超市，那里价格最贵。所以，小到送水，送复印纸的供货商，都可以转化成自己的资源，以备不时之需。

如果实在没有机会发展人脉，那么不妨从客户入手。

跟老板出去见客户，拿到的名片几乎等于废纸——很难跳过老板与客户进行事后交流。但如果项目谈成，老板通常不会自己跟进，此时，就是与客户建立关系的最佳时机。

三、获取外部资金资源的途径

对于国际学生创业来说，外部资金资源的获取，一般有以下几种办法：①依靠亲朋好友筹集资金；②抵押贷款、企业贷款、大学生创业贷款等；③政府大学生创业补贴等；④所有权融资，吸引新的创业同盟者加入创业团队进行投资，参与创业活动；⑤积极参加各类创新创业比赛，吸引创业基金、风险基金投资人的目光。

四、获取项目关键技术的途径

创业项目获取关键技术的途径主要有：①吸引有技术的人才加入创业团队；②购买他人的成熟技术，并进行市场分析；③同时购买技术和技术人才；④自己请人研发，但是这种方式耗时会比较长。

五、获取市场和政策信息的途径

获取市场和政策信息的途径主要有政府机构、专业分析机构、新闻媒体、图书馆、会议及互联网等。针对市场和政策信息，创业者要根据实际情况进行有效甄别。

第三节　创业资源的整合

一、创业资源整合的内涵与影响因素

新创企业受资源匮乏的限制，除了坚持自力更生，探索最经济的创业活动方式，充分开发利用现有资源外，还必须关注企业外部环境，运用多种方式借用外部资源为创业项目服务。所以，创造性地整合内外部创业资源是成功的新创企业所应具备的关键技能。

（一）创业资源整合的内涵

创业资源整合是指新创企业为了满足企业生存和发展对资源的需求，运用多种方式利用外部资源的活动过程。

创业资源整合既可以是"空手套白狼"的经典案例，也可以是"以小博大"的创业故事。新创企业要有效地实现资源整合，应遵循以下几个原则：①尽可能地多搜寻出利益相关者；②认识利益相关者的利益所在，寻找共同利益；③共同利益的实现需要共赢的利益机制做保证，创业者要尽可能地寻求共同利益；④充分沟通，建立信任关系。

蒙牛集团的创立者牛根生当年创业时，也跟很多人一样，缺一少十，可是蒙牛却跑出了火箭一般的速度：他整合工厂，整合政府农村扶贫工程，整合农村信用社资金。没运输车,整合个体户投资买车;没宿舍,整合政府出地,银行出钱,员工分期贷款。这样,农民用信用社贷款买牛,蒙牛用品牌担保农民生产出的牛奶包销,蒙牛一分钱没花,整个北方地区 300 万农民都在为蒙牛养牛。从蒙牛的案例中可以看出:任何企业家都不可能拥有世界上所有的资源,你手中可支配的资源总是有限的。想要实现自己的发展目标,就必须利用自己手中可占用和支配的资源与他人交换自己所需要的资源,同时让对方也能得到他想要的资源。

(二)创业资源整合的影响因素

1. 创业者或创业团队

创业活动具有高度的创新性、创造性,人在创业活动中起到了决定性作用。创业者能否成功地创造出机会,能否有效利用内外部的资源,对创业活动的成败都起着关键作用。许多专业投资者在决定是否投资时的首要标准就是"看人""看团队"。

创业者或创业团队主要从以下两个方面对创业资源的整合产生影响:第一是创业者的职业和行业经验。那些具有丰富的职业或行业经验的创业者或者团队更容易受到投资者的青睐,更容易获得多方面的资助。第二是创业团队的互补性和执行力。团队成员之间如果能实现优势互补,则更容易受到外部资源提供者的肯定。

2. 新创企业的优势

新创企业在技术、商业模式、人力资源等方面表现出来的差异化优势是实现资源整合的重要筹码。从商业角度来看,创业资源整合从本质上来说是企业与外部资源提供者的交易沟通和协商的过程,只有新创企业具有独特的行业优势和行业护城河,才能吸引到外部资源提供者的关注,在商议过程中才会有更大的议价能力和谈判空间。

3. 新创企业的发展潜力

新创企业的发展潜力关系到未来的成长水平和盈利程度,是外部资源是否考虑提供资源的关键参考标准。一个企业未来的发展潜力越大,外部资源提供方将来能获得的利润也就越高。

4.政府政策及行业环境

各级政府制定的经济发展战略和行业颁布的各项政策会影响新创企业未来发展的前景,从而影响外部资源提供者对新创企业的投资。那些符合政策引导和鼓励的创业方向,更能获得外部资源的关注。新能源、人工智能、大数据等行业都是未来行业发展的"风口",新创企业如果专注的是这些新兴的行业方向就更易获得外部资源的投资。

【创业案例5-2】

王晓君以前是做医疗器械销售的,他做了这样一件事情——植入式公益广告,空手赚了几十万。

第一步:找好广告公司谈合作

王晓君自己没有公司,那他是怎么找的呢? 首先,他找到一家广告公司,这个广告公司就是做一些招牌、铁架、广告栏等这些东西,找到这家公司后,他说:"我有一个亲戚是防震抗灾局的,他们现在准备在每个小区做防震抗灾的宣传栏,他可以把这个业务给我做。因为我不能以个人名义去单位上接活,所以必须挂靠一个公司,如果可以的话,到时候挂靠到你的公司,我和这个亲戚说一下,把这些业务都给你做。"广告公司老板一听就同意了。

第二步:找到政府单位谈合作

他找到防震抗灾局,拿了一份报告,说:现在中国灾难频频,我们防震抗灾局应该有这种义务把这些知识宣传给市民,你看现在由我们×××广告公司出资,在每个小区口做公益广告位,其中三分之一给你们防震抗灾局做公益宣传,三分之二我们推介些好的品质商家的广告收一些成本(这里就是他的盈利点)。当然他不止谈了这一家,他谈了很多家,谈了交通局、房管局、食品安全局,谈判的方式和防震抗灾局一样的话术,但是只有这一家答应得比较快,一下子就签了。

第三步：搞定商家投放广告

做广告栏是有成本的，他拿了委托书去找本地的商家来做广告，出示了一个栏目样本，他说：我们现在有3000个小区需要做这个宣传栏，我们以每一百个小区为一个单位，每个社区都有几千户人家，你这个广告覆盖几千几万人，每个单位就可以达到近百万浏览量，基本上一年就能形成品牌印象。

他把广告位分成二十几块，每一块是一万多块钱，最终商家讨价还价是一万块成交，每个单位总成交是20多万，3000个小区是30个盈利单位。

第四步：搞定小区物业

如何在小区投放广告，其实只要给钱就可以了。那么在这个案例中，王晓君是如何获得盈利的呢？前面跟防震抗灾局提到的三分之二的广告收回成本，这就是盈利点，只要把每个环节的成本控制好，利润自然就有了。

（资料来源：根据知乎网《公益营销经典案例，如何植入"公益广告"，空手赚几十万》资料整理

网址：https://zhuanlan.zhihu.com/p/330212416）

二、创业资源整合的技巧

微课堂

创业团队如何
有效整合资源

创业者能否成功地开发出机会，进而推动创业活动向前发展，通常取决于他们掌握和能整合到的资源，以及对资源的利用能力。许多创业者早期所能获取与利用的资源都非常匮乏，而优秀的创业者在创业过程中所体现出的卓越创业技能之一，就是创造性地整合和运用资源，尤其是那种能够创造竞争优势，并带来持续竞争优势的战略资源。

创业总是和创新、创造及创富联系在一起。一位创业者结合自身创业经历提出了这样的观点：缺少资金、设备、雇员等资源，实际上是一个巨大的优势。因为这会迫使创业者把有限的资源集中于销售，进而为企业带来现金。为了确保公司持续发展，创业者在每个阶段都要问自己，怎样才能用有限的资源获得更多的价值创造？

（一）学会拼凑

很多创业者都是拼凑高手，通过加入一些新元素，与已有的元素重新组合，形成在资源利用方面的创新行为，进而可能带来意想不到的惊喜。创业者通常利用身边能够找到的一切资源进行创业活动，有些资源对他人来说也许是无用的、废弃的，但创业者可以通过自己的独有经验和技巧，加以整合创造。例如，很多高新技术企业的创业者并不是专业科班出身，可能是出于兴趣或其他原因，对某个领域的技术略知一二，却凭借这个略知的"一二"敏锐地发现了机会，并迅速实现了相关资源的整合。

（二）快速应对新情况

拼凑者善于用发现的眼光，洞悉身边各种资源的属性，将它们创造性地整合起来。这种整合很多时候不是事前计划好的，而是具体情况具体分析、"摸着石头过河"的产物。而这也正体现了创业的不确定性，并考验创业者的资源整合能力。

（三）步步为营

创业者分多个阶段投入资源并在每个阶段投入最有限的资源，这种做法被称为"步步为营"。步步为营的策略首先表现为节俭，设法降低资源的使用量，降低管理成本。但过分强调降低成本，会影响产品和服务质量，甚至会制约企业发展。例如，为了求生存和发展，有的创业者不注重环境保护，或者盗用别人的知识产权，甚至以次充好。这样的创业活动尽管短期可能获得利润，但长期来看，发展潜力有限。所以，需要"有原则地保持节俭"。

（四）发挥资源杠杆效应

成功的创业者善于利用关键资源的杠杆效应，利用他人或者别的企业的资源来完成自己创业的目的：用一种资源补足另一种资源，产生更高的复合价值；或者利用一种资源撬动和获得其他资源。其实大公司也并非是一味地积累资源,他们更擅长于资源互换,进行资源结构更新和调整,积累战略性资源,这是创业者需要学习的经验。

(五)设置合理利益机制

资源通常与利益相关,创业者之所以能够从家庭成员那里获得支持,就因为家庭成员不仅是利益相关者,更是利益整体。既然资源与利益相关,创业者在整合资源时,就一定要设计好有助于资源整合的利益机制,借助利益机制把包括潜在的和非直接的资源提供者整合起来,借力发展。因此,整合资源需要关注有利益关系的组织或个人,要尽可能多地找到利益相关者。同时,分析清楚这些组织或个体和自己有哪些利益关系。利益关系越强、越直接,整合到资源的可能性就越大,这是资源整合的基本前提。对于首次合作,建立共赢机制尤其需要智慧,要让对方看到潜在的收益,为了获取收益而愿意投入资源。因此,创业者在设计共赢机制时,既要帮助对方扩大收益,也要帮助对方降低风险,降低风险本身也是扩大收益。在此基础上,还需要考虑如何建立稳定的信任关系,并加以维护。

【创业案例 5-3】

周帅是义乌工商职业技术学院电子商务专业的一名毕业生,也是一名土生土长的义乌人。他和其团队的"蹭饭趣——共享厨房 App 平台"项目曾在浙江省第六届职业院校"挑战杯"创新创业竞赛中获得特等奖,并在创业初期就成功获得 300 万元投资。

这个项目通过依托共享经济的宏观大背景,连接食客和家有闲置厨房,民间"厨神"直接为用户提供丰富的家宴套餐,是省内最大的共享家宴平台。据不完全统计,该平台自 2015 年开发完成后,已经在义乌、余杭等地完成布局,拥有 200 多个"厨神妈妈"、8 万多名会员,月均营业额达 200 万元,累计平台交易流水为 7000 万元。该项目积极响应了中国的精准扶贫政策,实现资源共享的同时,注重社会效益,力求帮助更多人脱贫。

据项目负责人周帅介绍,这个创业灵感主要来自很普通的一次农村观光体验。一次,他和父母带几名国外的客户去义亭镇几个农村观光。走走逛逛中发现想随时随地找个店吃当地的"土菜便饭"很难;另一方面,很多厨艺不错的大嫂大妈"隐"于自家厨房,还有一些厨房是经常闲置的。那天他就想是否可以搭建这样一个平台:既能让农村的闲置资源得到二次开发,又能帮助食客品尝家的味道。受这个灵感的启发,他首先想到的是整合互联网共享农村的厨房和"厨神"资源,开发"蹭饭趣"平台。有了想法之后,他就组建了有着不同特长的7个人的团队,经过一段时间的筹备、策划和完善,"蹭饭趣"平台横空出世。

(资料来源:根据中国义乌网资料整理
网址:https://news.zgyww.cn/system/2017/12/07/010119035.shtml)

巩固复习

第五章

课后思考题

一、基本概念

创业资源　创业资源评估

二、简答题

1.创业资源可以分为哪几类?

2.创业资源该如何获取?

3.创业资源整合的影响因素主要分为几类?

4.创业资源整合主要有哪些技巧?

5.结合自己的实际情况,谈一谈如果你要在中国开公司创业,能够整合利用的创业资源有哪些?

第六章　商业计划书的撰写与展示

> 学习目标

1. 认识商业计划书的类型和作用。
2. 了解商业计划书的基本特点。
3. 掌握商业计划书的结构和内容。
4. 了解商业计划书的撰写原则。
5. 掌握商业计划书撰写的基本技巧。

案例导入

有一支创业团队想在大城市里开一家收纳整理服务公司,但因为资金不够,希望找一个投资者。他们直接去见了心仪的投资者,谈论了一番他们对收纳整理行业的前景和发展、自己团队的优势等,然而投资者毫无兴趣。

另一支创业团队也发现了收纳整理行业的商机,他们首先进行了详细的市场调查和分析,调查内容如下:①有收纳整理需求的用户主要有哪些? ②每个用户能够承受的收纳成本大概是多少? ③收纳整理行业产业链条是怎么样的?随后,他们对收纳整理行业的发展背景进行了分析,并预估了收纳整理行业未来的投资回报情况。但当他们把构想告诉投资人时,得到了否定的回答,所有的创业者都处于同一个起点,这个团队没有明确地表示出这个事业能成功取得独占性的资源(成为独家经营的企业),以及最重要的广告销售能力。

第三支创业团队也看中了这个卖点,与前两支团队的不同之处在于,他们编写了详细的计划书。在创业计划书中明确地表述了关于推广营销以及如何吸引广告顾客的方法和执行手段,并附上了团队在这方面的优势。这份计划书为这个创业计划加了不少分,最终第三支创业团队获得了投资人的支持。

(资料来源:根据汇成财商微信公众号文章《整理收纳,撑起千亿风口市场?》整理

网址:https://mp.weixin.qq.com/s/vB7sG0oSrIWhFp1jbE7MAg)

第一节　商业计划书概述

商业计划书是创业者叩响投资者、合作者大门的"敲门砖",是创业者计划创立的业务和商业发展的书面文件。一份优秀的创业计划书往往会使创业者达到事半功倍的效果。商业计划书(Business Plan)是给投资人看的,更是给自己看的,通过商业计划书梳理自己公司的发展状态、发展战略和资本部署是非常必要的;好的商业计划书可帮创业者提炼和梳理创业思路,指导创业者分析市场和用户、找到好的定位和切入点、明确产品逻辑和业务走向、规划发展路径、搭建团队和定制资金规划。很多人虽有一腔创业热血却缺乏深度的思考,这样就不太容易成功。如果将创业计划落实到纸面上,则会迫使创业者检查自己的运作构思是否可行。商业计划书可以帮创业者改正不切实际的想法,降低试错的代价,能够让创业者加深对核心的记忆,如市场竞争、解决方案等。

一、商业计划书的类型

根据商业计划书的使用目的,可以将商业计划书分为以下三类:

(一)微型计划书

几乎每个商业理念都起始于某种微型计划。微型计划篇幅不限,应当包括的关键内容有商业理念、需求、市场营销计划以及财务报表、现金流动、收入预测以及资产负债表等。微型计划是迅速检验商业理念或权衡潜在的合作伙伴

价值的最佳途径,它也可以为以后拟定长篇计划提供价值参考。微型计划书可以看作是商业计划书的浓缩和提炼,对于吸引投资人眼球、提高融资效率有很大影响。

(二)工作计划书

工作计划书是指在创业团队内部传阅的创业计划书。在形式上,该类型的创业计划书可以在包装、装订等方面简洁,不必追求外表的美观;在内容上,应该对每个部分做出详细的说明,因为工作计划书实际上是新创企业运营和管理的指导工具。创业计划书中一般应当出现的附录可以在工作计划书中省略,如创业团队的履历和简介,但关于产品、财务等信息的图表应尽可能保留。正确传达信息不仅能使工作计划书发挥凝聚团队成员、提升创业信心的作用,也可以作为同行交流、传递创业理念的素材。

(三)提交计划书

提交计划书是一份内外兼修、经过反复推敲的创业计划书,用于将创业计划展示给银行家、投资者以及创业团队以外的其他人,它也是本章所要详细论述的创业计划书类型。与工作计划书相比,提交计划书应当尽可能使用规范的商业术语,一些行业专有词汇则需要尽量避免,因为阅读提交计划书的人不一定对创业团队所在行业有深入了解。此外,提交计划书要重视正文内容和附录内容的完整性,保证提交计划书能够传递出说服阅读者的准确、完整的信息。

二、商业计划书的作用

商业计划书帮助企业家或创业者勾画事业蓝图,安排公司运作并进行融资。对于开始建立新企业的创业者来说,商业计划有四个基本目标:确定企业机遇的性质和内容,说明创业者计划利用这一机遇进行发展所要采取的方法,确定最有可能决定企业是否成功的因素,确定筹集资金的工具。

商业计划书可以看作是创业者的游戏计划。它把促使创业者致力于创建企业的理想和希望都具体化了。最常见的商业计划书是制订新企业的企业经营计划。在这些商业计划书里,创业者对预建企业最初 3—5 年内的销售、经营和财务方面做出计划。然而,商业计划书也可用于阐述一个已经存在的企业的重大扩张,比如已有一家小企业可能计划增加生产线或开辟分公司。

作为创业者创建新企业的蓝图,商业计划在本质上是一座沟通理想与现实的桥梁。商业计划书首先把计划中的创业或经营活动推销给了创业者自己,在做一份商业计划书的同时,创业者心目中会对自己要做的事情有越来越深入的了解。

对创业者来说,他可以从仅有的创意发展为充分认识到将创意转成实际创业的市场机会。对已有了一定基础想进一步扩大规模的创业者来说,他可以通过商业计划书看到推动企业飞速发展的时机。商业计划书的作用主要有以下三种:

(一)商业计划书是一种沟通工具

商业计划书可以用来介绍企业的价值,从而吸引到投资、信贷、员工、战略合作伙伴和包括政府在内的其他利益相关者。

一份成熟的商业计划书不但能描述出你公司的成长历史,展现出未来的成长方向和愿景,还将量化出潜在的盈利能力。这都需要创业者对自己公司有一个通盘的了解,对所有存在的问题都有所思考,对可能存在的隐患做好预案,并能够提出行之有效的工作计划。

(二)商业计划书是一种管理工具

商业计划书首先是一个计划工具,它能引导你走过公司发展的不同阶段。一份有想法的计划书能帮助你认清拦路石,从而让你绕过它。很多创业者都与他们的雇员分享商业计划书,以便让团队成员更深刻地理解企业的业务走向。

大公司也在利用商业计划书,通过年度周期性的反复讨论和仔细推敲,最终确定组织未来的行动纲要和当年的行动计划,并让上级和下级的意志得到统一。商业计划书也能帮助你跟踪、监督、反馈和度量你的业务流程。优秀的商业计划书将是一份有生命的文档,随着团队知识与经验的不断增加,它也会随之成长。

当你建立好公司的时间轴及里程碑,并在一个时间段后,你就能衡量公司实际的路径与开始的计划有什么不同了。越来越多的公司都在开始利用年度周期性的工作计划,总结上一周期的成功与不足,以便调整集体的方向与步骤,并进而奖优罚劣,激励团队的成长。

(三)商业计划书是一种承诺工具

最容易被人忽略的是,商业计划书也是一个承诺的工具。这一点在企业利用商业计划书执行融资工作的时候体现最为明显。

和其他的法律文档一样,在企业和投资人签署融资合同的同时,商业计划书往往将作为一份合同附件存在。与这份附件相对应的,是主合同中的对赌条款。对赌条款和商业计划书,将共同构成一个业绩承诺:当管理人完成了或没有完成商业计划书中所约定的目标,投资人和创业者之间将在利益上如何重新分配。在辅助执行公司内部管理时,商业计划书也是一个有效的承诺工具。

在上级和下级就某一特定目标达成一致以后,他们合作完成的商业计划书就记录下了对目标的约定。这样的约定,将成为各类激励工具得以实施的重要基础。商业计划书也体现了上级对下级的承诺。公司战略得以展开,必然意味着必要的资源投入。只有经过慎重思考的战略,才能够让企业领导人具有必要投入的决心。人们可以原谅因为具体环境的变化、知识的增长而带来行动计划乃至战略的调整,但是,却没有任何人愿意和一个朝三暮四、朝令夕改的,不具备战略思考能力的企业领导人共同工作。那些既不能给投资者以充分的信息,也不能使投资者激动起来的商业计划书,其最终结果只能是被扔进垃圾箱里。

【创业案例 6-1】

Amazon(亚马逊)的创业案例

1994 年,杰夫·贝索斯创立了 Amazon。贝索斯在 20 世纪 90 年代初期就对互联网进行了调研并确定了他认为能够在网上销售的商品种类。早期,他的关注点在书籍上面。传统书店的存货有限,并通过涨价来抵销店面租金和员工成本。此外,出版商对哪些客户购买了何种书籍的信息知之甚少,这不利于他们的营销工作。而 Amazon 通过减少成本,能给客户和出版商带来更大的利益。

1995 年,贝索斯撰写了他的商业计划书,详细描述了相关人员、资源、机会和协议。他雇用了一个团队制作了 Amazon 的网页,并注册了 Amazon. com 的域名。随着时间的推移,Amazon 拓展了自己的产品类型。2006 年,它发起了云计算服务;2011 年,它凭借 Kindle Fire 进入了平板电脑市场;2013 年,Amazon 成立了 AutoRip 数字音乐服务。Amazon 在不断地进入新的市场并朝着自己的规划愿景前进。

（资料来源:根据美股通识、简书等资料整理

网址:https://mp.weixin.qq.com/s/xX-7c4NMZubUjROAdccv-w

https://www.jianshu.com/p/e1a723502199)

三、商业计划书的特点

创业计划对于任何形式出资的创业者都是需要的。因为,创业并不是只凭热情的冲动,而是理性的行为。因此,在创业前,做一个较为完善的计划是非常有意义的。第一,在做创业计划时,会比较客观地帮助创业者分析创业的主要影响因素,能够使创业者保持清醒的头脑;第二,一项比较完善的创业计划,可以成为创业者的创业指南或行动大纲;第三,商业计划书也可以用于向风险投资家游说以取得创业投资,从这个意义上讲,一篇优秀的创业计划也会成为创业者吸引资金的"敲门砖"和"通行证"。

商业计划书应该具有以下几个特点:

(一)开拓性

商业计划书应该具有创新性,这种创新性是通过其开拓性表现和反映出来的。一般而言,在做商业计划书时,不仅要求创业者提出新项目、新技术、新材

料、新的营销模式,更重要的是要把新东西通过一种开拓性的商业模式变成现实。这种新项目、新内容、新营销思路和运作思路的整合,才是商业计划书开拓性的最好体现。

(二)客观性

尽管创业构想的提出和对创业机会的理解具有较强的主观性,但在商业计划书中仍然要尽量避免使用像"我认为、我觉得、我决定"这样主观化的词语。要想让投资者等外部资源支持创业项目,创业者提出的创业设想和创业模式,要建立在大量的、充分的市场调研和客观分析的基础之上。这种来自实践和一线的大量数据信息和素材才是创业计划书生命力的体现,是使其具有实战性和可操作性的基础。

(三)逻辑性

商业计划书的哲理性要求是把严密的逻辑思维融会在客观事实中,并体现和表达出来,通过项目的市场调研、市场分析、市场研发、生产安排、组织和运作以及过程管理、组织管理等有理有据地阐释清楚,这样才能保证商业计划书提出的观点和结论是经过严谨论证的。因此,创业者在写商业计划书的过程中,要牢牢把握其逻辑性特征,用连贯和具有因果关系的表述,将商业计划书的各部分串联起来。

(四)实战性

商业计划书的实战性是指创业计划书需要具有可操作性。写在商业计划书上的商业模式等要有实操性,不应当是纸上谈兵的内容。无论对创业者还是投资者来说,只有商业计划书具有实战性,预测的商业价值才能实现。创业者在写商业计划书的过程中,要尽可能地根据实际情况,用具体的方式和行为阐述项目如何实操。

(五)增值性

商业计划书的增值性主要体现在以下几个方面:一是创新性必须能找到创

收点,体现出创业项目的高回报性,没有创收点的商业计划书是没有商业价值的;二是具有鲜明的证据链条,组成这个证据链条的是大量的、有说服力的数据,这些数据经过测算或计算而成的,不是由概念和推理的逻辑思维组成的;三是具有明显的商业价值观,商业计划书应该有投资分析、创收分析、盈利分析和回报分析,使投资人能够清晰地看到其投资背后的商业价值。如果是创业项目参加大学生创新创业比赛,也得让有着多元化背景的评委看到此创业项目的商业价值、社会价值等。

第二节　商业计划书的撰写内容及要求

一、撰写商业计划书的准备事项

为了确保商业计划书能够引起风险投资家的足够注意,新创企业必须事先进行充分周密的准备工作,这些工作包括:

(一)开门见山,直入主题

撰写商业计划书的主要目的是获得风险投资与争取到各种资源,并非是为了跟投资家聊天,因此,在开始写商业计划书时,应该避免一些与主题无关的内容,要开门见山地直接切入主题。这一点对于很多初次创业的创业者来说,尤其要注意。

(二)进行充分的市场调研

当一个创意或新的投资项目从大脑中萌发时,它并不是存在于真空之中,创意或投资项目付诸实施并不是说干就干、想当然的事情。因此,在写作商业计划书以前,应该进行充分的市场调研。市场调研主要围绕以下内容,在进行调研过程中,务必不能遗漏任何细节:

（1）创业项目的产品或服务的市场性质是什么？

（2）该领域目前的情况怎么样？

（3）产品或服务处于什么样的阶段？

（4）市场前景如何？

（5）竞争对手的情况如何？

（三）评估企业自己的商业计划书

在撰写商业计划书的全过程中,创业者应该站在风险投资者的角度对自己的商业计划书进行一番评估,努力确保每个投资者可能问到的关键问题,并在自己的商业计划书中要有明确的答案。

（四）组建多元化的智囊团

仅靠一人之力很难将事情做到尽善尽美,因此在撰写商业计划书的过程中,创业者还需要一个有很强战斗力的智囊团来弥补个人的不足。寻求有丰富经验的律师、会计师、企业家、专业咨询家的帮助是非常有必要的,他们的建议能让创业者的商业计划书看上去更加完美。

视野拓展

字节跳动的商业
计划书

二、商业计划书的结构

商业计划书是创业者关于创业构想与创业行动的书面表达,其撰写必须建立在科学的假设和验证基础之上。撰写商业计划书是一项非常复杂的任务,要按照相应的逻辑对创业活动中所涉及的活动环节和外部因素进行系统的思考和分析。一般而言商业计划书的结构应该包含以下几个方面:

（1）封面:包括公司或项目名称、地址、联系人姓名、联系方式等。

（2）目录表:包括商业计划书中的各个部分。

（3）执行概要:对商业计划书的精练概括。

（4）主要部分:包括市场分析、项目介绍、市场推广、创业团队、产品及商业模式、财务分析等。

(5)附录:包括详细的财务计划、公司创始人、成员的完整简历等。

(一)执行概要

执行概要是商业文件中最重要的一部分。它是别人最先或者有时甚至是唯一阅读的部分,也是创业者应该最后写的部分。它只是一个文件的简要总结,让繁忙的人能够对文件的内容和可能采取的行动一目了然。

执行概要要合理控制内容的长短篇幅,内容要言简意赅、突出亮点。要用最简洁的语言表达商业计划中最具价值的内容。

1. 执行概要的内容

有吸引力的执行概要主要包含以下几个方面的内容:

(1)公司简介:一句话概括创业项目的亮点。

(2)产品与服务:介绍创业项目的产品或服务,不需要过多描述,只需要强调它为顾客解决了什么问题或者说解决了哪个市场痛点。

(3)团队与管理:介绍管理团队和组织管理模式,最好的方法是把创业团队核心人员的专业背景、工作经验、取得的成就等用简表列出来。

(4)市场分析:阅读商业计划书的人不一定是这个行业的专家,所以要在执行概要中对市场竞争情况、市场饱和度、市场需求量等关键指标做出客观描述。

(5)商业模式:清晰地表述创业项目的商业模式,这也是创业投资者和合作者最关注的问题。商业模式中也包含了盈利模式,要说清楚创业项目能不能盈利以及怎么盈利。

(6)财务情况:主要展示公司的财务状况和未来财务预测,这部分的内容要真实可靠,不可弄虚作假。

(7)融资计划:这一部分要说清楚需要筹措多少资金,并说明资金的用途,还要解释资金入注的形式,例如,是权益性投资还是贷款。

(8)风险因素:讨论创业项目可能面临的风险,管理团队防范风险所采取的措施和步骤。

2. 执行概要的类型

根据不同企业的情况,有两种常用执行概要格式:提纲性执行概要和叙述性执行概要。

(1)提纲性执行概要。提纲性执行概要结构简单,开门见山,内容单刀直入,一目了然,让投资者能立即了解创业项目需要投资的目的。提纲性执行概要的每一段基本上就是商业企划书中每一章的总结部分。它的特点是容易撰写,缺点是语言比较平涩,文章没有色彩。提纲性执行概要基本上包括了商业计划书的所有方面,各个部分在提纲性执行概要中所占比例基本相等。

(2)叙述性执行概要。叙述性执行概要好像是给投资者讲一个动听的故事,所以可以把商业计划书写得有声有色。叙述性执行概要需要很高的写作技巧,它要求作者既要有企业经营的知识和经验,还要有深厚的文学底蕴。撰写叙述性执行概要难度很大。执行概要既要传达所有必要的信息,刺激投资者的激情,但是又不能夸张。叙述性执行概要要写得恰到好处,许多投资者可以通过执行概要看到企业的眼光、激情和经验。有梦想的创业者才可能实现梦想,但是光有梦想还不够,还要有经验才能真正把梦想变成现实。叙述性执行概要特别适用于需要语言描述的新产品、新市场、新技术等。叙述性执行概要很适用于有良好历史或背景的企业。

叙述性执行概要的段落比提纲性执行概要少,它把重点集中在描述企业的基本情况、突出项目特点上。叙述性执行概要较少描述管理细节。叙述性执行概要目的是调动投资者对企业的情绪,使投资者对企业和项目感到兴奋。所以,在撰写时要重点选择一两件最能够感动投资者的企业的特点,使投资者可以理解为什么该创业项目能够成功,创办的企业又是如何由于有了这些特点才获得成功的。叙述性执行概要具有明显的人性化特点。它要讲述企业的创立者是如何建立企业并获得成功的;讲述创业项目是如何根据社会和技术的变革制造新的产品或提供新的服务的。叙述性执行概要对各段落的关系没有明确的规定,重点是要能够明确地在投资者面前展示出创业项目的优势,给投资者留下良好的深刻印象。各个部分的比重也不要求平均,可以用两到三个段落来描述企业的基本情况,而只用一两句话描述企业的领导班子。每个段落前面也没有必要加上标题。

(二)市场分析

1.行业分析

行业和市场是创业企业生存的外部环境。在行业分析中,应该正确评价所选行业的基本特点、竞争状况以及未来的发展趋势等内容。

关于行业分析的典型问题包括:

(1)该行业发展程度如何? 现在的发展动态如何?

(2)创新和技术进步在该行业扮演着一个怎样的角色?

(3)该行业的总销售额有多少? 总收入为多少? 发展趋势怎样?

(4)价格趋向如何?

(5)经济发展对该行业的影响程度如何? 政府是如何影响该行业的?

(6)是什么因素决定着它的发展?

(7)竞争的本质是什么? 创业团队将采取什么样的战略?

(8)进入该行业的障碍是什么? 要如何克服? 该行业典型的回报率有多少?

2.市场描述

市场是指从事某种商品买卖的交易场所。创业项目能否成功,关键就在于是否可以在市场中求得生存和发展。因此商业计划书中需要描述自己的项目如何在市场中立足。

(1)市场总需求分析。市场总需求是指某行业在特定市场环境下,一定时期内和地域内全体顾客购买产品或服务的总量。创业者在开始创业项目前需要对自己要从事的行业进行市场总需求的估算。市场总需求决定了创业项目的市场成长空间。

(2)细分市场需求分析。细分市场需求分析可以帮助创业企业更加深入地了解市场,也可以为定位自己的新产品或服务提供分析依据。市场细分是指营销者通过市场调研,依据消费者的需要和欲望、购买行为和购买习惯等方面的差异,把某一产品的市场整体划分为若干个消费群的市场分类过程。每一个消费者群就是一个细分市场。细分市场主要包括地理细分、人口细分、心理细分、行为细分等。

（3）目标市场痛点分析

市场痛点分析能回答为什么创业这个问题，痛点是一种用户常常面对的（高频刚需），难以忍受但却可以被明显解决的问题。那么在确定了目标市场之后，企业又该如何把企业解决的痛点阐述清楚呢？要回答清楚这个问题，我们首先要对痛点进行分类，痛点大致可以分为两种类型：

一是效率和质量驱动型：比如餐厅门口排长队，大城市找停车场非常困难等。这些都是客观现象，这些现象是由一些特定的因素造成的（设计缺陷、效率低下等），这种现象对用户产生了极大的不便。

二是需求驱动型：其实它和现象问题型的差异并不是太大，但这种类型主要是从需求出发，因为需求长期存在，但是没有相应匹配的供给，导致了痛点的产生。比如用户想利用碎片化时间学习单词，却没有相应的工具；原先的品类过于陈旧，用户的审美却在提高等。

阅读材料

商业计划书中关于市场痛点易出现的问题

很多创业者可能有过这样的经历：拿着商业计划书去参加创业路演或比赛，在台上说了半天，结果台下的投资人或比赛评委却问："你这个项目到底在解决什么问题？"下面是商业计划书中关于痛点描述时容易出现的三个问题：

一是抓到了一个错误的痛点。也就是我们常说的"伪需求"，比如有个项目叫"上门理发""上门洗头"等，他们提到用户的痛点是"太懒而不想出门理发"，这其实并不是一个真正的痛点，因为它低频又非刚需，并非难以忍受，还有一大堆替代性解决方案。

二是对痛点的描述模糊不清。在商业计划书中，有的创业者一会儿站在用户的角度来说，一会站在产品的角度来说，这就让人产生困惑——这个项目到底要解决什么问题？

三是对痛点的分析不够深入。创业者在商业计划书中对于市场痛点的描述非常粗浅。例如"现有的白领最后一公里的打车工具既不方便又不划算"就比"上班打车难，打车贵"要深刻得多——突出了人群、突出了场景，也突出了相应的问题。

如何清楚地描述市场痛点？

提供场景：投资人有时候往往对创业者从事的行业比较陌生，可以提供这个痛点产生的场景，对于投资人来说更好理解，也更有代入感。比如一些做企业协同 Saas(软件运营服务)工具的，就可以贴多个微信里的聊天记录证明协同和文件管理困难——这些痛点让人有切身体会。

深刻思考：很多创业者在描述痛点的时候浅尝辄止，这就导致很多投资人在阅读商业计划书时非常"无感"，针对这一情况，创业者在描述痛点时需要追问到痛点的本质，并提出相应的解决方案。

解决方案像是痛点的孪生兄弟，但困难的地方在于创业者面临的痛点几乎都是开放性问题，背后有无数种解法：例如同样是解决用户充电的问题，就有桩式、柜式充电宝等，不同的解决方案，决定了不同的商业路径和变现模式。这也是商业的神秘和美妙的地方，创业者根本不会知道哪个方案能够达到终点，只能不断去试错。

下面是关于高级球鞋市场的用户痛点描述，看后请说一说你对以下用户痛点的想法。

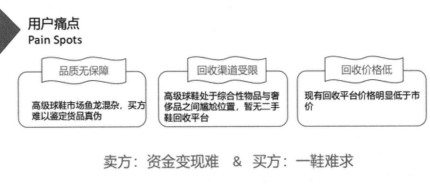

(三)项目介绍

项目介绍是为了让看商业计划书的人了解项目的创业背景以及新创企业的基本情况,这个部分主要包括企业的基本情况、主要业务、目标、发展规划和主要合作伙伴等。

这一部分要避免与执行概要的内容相重复,在企业基本情况方面要写清楚新创企业的名称、商标和品牌名称等,还要介绍企业所从事的主要业务。

企业的基本情况具体包括企业的名称、产品的商标和品牌名称。如果是准备创建的企业,可能还没有固定的名称,那么在商业计划书中可以选一个弹性比较大的名称。企业的主要业务在描述时选用的句子要尽量简短,通过简单的描述让阅读者了解企业的产品或服务,例如"企业主要设计、生产可以记录个人健康状况的手表"。企业的目标是企业使命的指导方针,体现了企业的社会价值以及未来所要达到的预期成果,比如阿里巴巴在成立之初的目标是"让天下没有难做的生意"。企业的发展规划一般按照时间顺序来写,尤其要写清楚公司未来五年的发展规划、发展方向及变动的理由等。

(四)产品、服务和商业模式

这一部分是商业计划书的核心部分,也是投资者最为关心的内容。企业提供的产品、服务是否能够满足市场的需求,是否能解决市场上的一些问题,商业模式有没有创新,这些都是投资者首先会关注的内容。这一部分主要是对公司现有产品或服务的性能、技术特点、用户群体、盈利能力等的陈述以及未来产品研发计划的介绍。如果是技术型企业,不要把产品介绍得过于专业和生僻,毕竟阅读商业计划书的投资人本质上是极为看重收益和回报的商人,而且他们大多是经济或金融背景,对于技术方面的专业介绍不会特别在行,他们更加关注市场对公司产品的反映。所以,这一部分在介绍产品或服务时只需要讲清楚公司的产品体系,向投资人展示公司产品线的完整和可持续发展,重点介绍产品特性、竞争优势、服务的盈利能力、独特的客户价值等。关于产品或服务的"背后实力"的说明撰写,应根据实际需求进行内容项目的选择,不要追求面面俱到,内容选择原则是:突出产品或服务的优势及独特价值,突出影响产品或服务的关键成功要素,如研发能力、原材料供应、质量控制、售后服务体系等。

在同类创业内容中和竞品相比,自己的优势、特点等竞争优势,是核心优势的强调,主要包括:①和竞品相比,有自己的优势、特点等竞争优势;②让客户选择我们,而不选择竞争对手的理由;③在产品体验、购买、使用等方面,自己具备的竞争优势;④能够形成壁垒的优势,如技术壁垒、知识产权壁垒、资源壁垒等。

核心优势必须在创业计划书中单独强调出来,需要提醒的是,核心优势要避虚就实,不能空喊口号,要有实实在在的内容。

商业模式主要介绍具体商业行动的模式、架构、资金流转等设计,主要能回答下面的几个问题:

(1)企业以什么商业方式、流程来满足客户需求?

(2)以什么功能架构来构建商业流程?

(3)在商业流程的基础上,资金如何流转、如何实现从客户需求到客户买单的闭环?

(4)如何让客户长期、持续地重复购买?

有人说商业计划书的灵魂就是商业模式。推崇商业模式,是这个时代的无奈,在各行各业普遍产能过剩、市场从增量转向存量的大背景下,普通创业者在激烈的竞争中,能够和同行比拼的,除了品质、用心、性价比这些硬性的指标,商业模式是创业这件事的最后杠杆,是能否比同行更快撬动市场的关键!

(五)创业团队

商业计划书的这一部分主要向阅读者介绍对创业项目起决定作用的核心成员,在创业的早期阶段,核心成员以 2—8 人为宜,介绍顺序应该是以作用的大小或职务高低来排列,介绍的内容主要有以下几点:

一是团队核心成员的教育背景,核心成员的特长、学历等情况。在罗列这些信息时,要注意强调与创业项目的相关性或与该成员所担任的职务具有密切的联系,如果教育背景、特长等与项目无关,就不需要写。

二是能力与技术,团队现在的能力的大小和技术的掌握情况。能力主要指团队成员在项目开发、运营和发展过程中的胜任力。如果是技术型企业,还需要核心成员中要有技术能力强的队员。

三是运营或管理方面的经验,团队的管理经验和成长的历程。这部分主要介绍团队成员过去在哪些公司任职,担任过什么职务,负责过什么项目。

四是成功经历。团队在哪个方面做得很成功,这些成功的经历与现有项目能否取得成功有很大的关系。

创业团队介绍时存在的问题有:需要展示的团队成员太多;团队成员经历丰富,介绍文字太多;团队经历太少,无话可写;团队成员只管罗列名字,介绍文字太少;团队成员照片什么形式都有,显得不专业;工作经历华丽,但看不到亮点;团队优势与项目核心不匹配;等等。

那么,处于创业早期或成长期的项目,应该如何展示团队介绍,如图 6-1 所示。

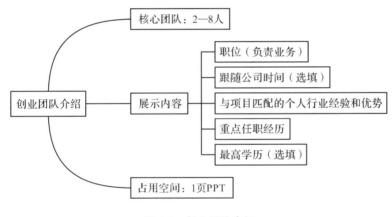

图 6-1 创业团队介绍

1. 内容展示有选择和取舍

不展示与团队专业无关的成员内容。团队介绍的重点在于团队优势,体现公司组织框架,凸显公司团队的专业性。

任职经历方面,一定不要流水记账,挑选对项目有利的重点经历,如果想突出团队的大公司背景,可以只展示之前的 logo。

2. 文字表述要简略,避免陈述性完整句子,重点关键词展示

阅读商业计划书的人不可能每个字都会仔细地看,所以任何文字描述都要精练,能够凸显优势,吸引眼球。

3.关于展示照片

一定不要用生活照,要用商务照,这样才能凸显出团队专业、负责的态度,背景为浅色纯色,最好不要用证件照大红或亮蓝背景,动作合适,团队成员照片风格统一。

4.关于团队成员在商业计划书中的位置

团队介绍在整个商业计划书中没有特别固定的位置,常见的一般在商业模式等重点内容的后面,融资计划前面。如果创业团队优势特别明显,可以作为亮点,优先展示,用团队亮点吸引投资人的注意。

(六)财务分析

财务分析不仅是公司的一个重要研究课题,也是商业计划书中重要的一个部分,那为什么这么重要呢?因为投资者在决定是否投资前一定要知道创业者对未来这家公司的财务规划,可以发展成什么样?可以产生什么样的价值、收入、利润等。但需要注意的是这不等于公司的财务报表,商业计划书中的财务分析更多的是对未来做预测。

1.编写原则

(1)数据要有合理性、保守性,不能盲目预估。要保持合理性,不能盲目预估,经得起推演,达成的可能性至少60%。收入不要过于激进,收入可以保守一点,成本可以激进一点,给自己留一些空间。为了拿到投资而给出难以置信的预期回报和利润数字是不可取的。反而把财务预测说得保守一些,把预期回报和期望值降低一点,这样投资人会更加认为创业者真诚和值得信赖。给出的数据经得起推敲,逻辑上可信,数据翔实可靠严谨,投资人才会认真对待。

(2)要结合公司战略规划。在编写财务预算的时候,可以从数字的角度来思考这个业务未来的发展情况,从中来推演出这个企业和这个商业的价值所在,它是否真正能够产生价值,价值的大小有多少?在什么时间点,去产生这个价值?而且通过战略地图制定出的财务目标,也能通过财务分析进行评估和落实。

(3)要考虑风险因素。需要充分考虑行业的风险、市场的风险、竞争的情况、团队的能力,基于风险做相对保守的财务预测。

(4)要注意逻辑。逻辑要清晰,前期对于公司的市场空间,自己的占有率,同行业竞争的比较,投入和产出的比例,人员的配套都要跟得上。后期的财务情况是要整合前期的整体做规划的,体现到财务预测上看似只是一个结果,但是这个结果的原因和过程才是关键。

2. 编写内容

财务分析主要包括五个方面内容,前四点是对财务进行预测,最后一点是对财务进行分析。

(1)收入预测表(业务收入来源及规模预估)。收入预测表主要是用来介绍业务收入的内容,各项主营业务、主营业务外收入的情况,以及对应的规模情况,例如,本期公司实现主营业务收入××万元,与去年同期相比增长××%,未来预计收入情况。这里公司如果没有历史数据,可以参考同业规模类似的企业的相应报价,或者通过公司拟估的销售量乘以拟估计的单价计算出主营业务收入,具体产品的收入还是需要公司内部沟通协商。

(2)成本预测表(企业大体的开支去向)。成本预测表能说明企业开支的大体去向。例如,本期公司成本费用共计××万元。其中,主营业务成本××万元,占成本费用总额的××%;营业费用××万元,占成本费用总额的××%;管理费用××万元,占成本费用总额的××%;等等。

具体而言,主营业务成本通过参考同业,或者针对具体型号,询问供应商或商家,来估计具体单位成本,或者按照收入的一定比例进行估算,比如按收入的10%计算主营业务成本。公司的费用方面,"财管销"费用的具体情况,可以通过确认公司执行层是否会投放广告费,考虑运输车辆数额和租金等情况,以及公司偿还利息等情况,逐项按照成本和费用的财务报表筛查,另外也可以按收入的一定比例进行估算,确认公司的成本费用情况。

(3)利润预测表(企业效益)。利润预测表是对企业的效益进行预测。例如,本期利润总额比上年同期增加××万元,总额增长率为××%。其中,主营业务收入比上年同期增加利润××万元;营业费用比上年同期增加利润××万元;财务费用比上年同期增加利润××万元;等等。利润预测表大致可以做成下面这种形式,通过前面两个表确认的收入以及成本费用进行填写,并且相应地计算所得税情况,进而完成对利润的预测。

(4)现金流量表(体现了投资回收周期)。现金流量表直接体现企业筹措现金、经营的能力。从经营角度,现金流量表相对于利润表,是更有说服力的是企业的真实情况,具体包括三个方面,经营活动、投资活动、融资活动的现金流量。例如,经营业务和融资业务,都可以参考前面那几张表的数据,这里的融资活动需要确认一下,未来几年是否有投资款项入账,这个因公司而异。

(5)财务指标(结论)。财务指标主要是从偿债能力指标、营运能力指标、盈利能力指标、发展能力指标四个方面进行分析,但在分析过程中,需要注意的是与同行业对比,与竞争者、自身同期等进行比较,这样横向行业比较,纵向公司自我比较,能够得出较为准确的结论。

(七)创业风险

创业风险来自创业活动有关因素的不确定性。在创业过程中,创业者要投入大量的人力、物力和财力,要引入和采用各种新的生产要素与市场资源。这一过程中必然会遇到各种意想不到的情况和困难,从而有可能使结果偏离创业的预期目标。在创业过程中要注意下面几种风险:

风险一:项目选择太盲目

创业者创业时如果缺乏前期的市场调研和论证,只是凭自己的兴趣和想象来决定投资方向,甚至仅凭一时心血来潮做决定,一定会碰得头破血流。

创业者在创业初期一定要做好市场调研,在了解市场的基础上创业。一般来说,学生创业者资金实力较弱,选择启动资金不多、人手配备要求不高的项目,从小本经营做起比较适宜。

风险二:缺乏创业技能

很多创业者眼高手低,当创业计划转变为实际操作时,才发现自己根本不具备解决问题的能力,这样的创业无异于纸上谈兵。一方面,国际学生应去企业打工或实习,积累相关的管理和营销经验;另一方面,积极参加创业培训,积累创业知识,接受专业指导,提高创业成功率。

风险三:资金风险

资金风险在创业初期会一直伴随在创业者的左右。是否有足够的资金创办企业是创业者遇到的第一个问题。企业创办起来后，就必须考虑是否有足够的资金支持企业的日常运作。对于初创企业来说，如果连续几个月入不敷出或者因为其他原因导致企业的现金流中断，都会给企业带来极大的威胁。很多企业会在创办初期因资金紧缺而严重影响业务的拓展，甚至错失商机而不得不关门大吉。

另外如果没有广阔的融资渠道，创业计划只能是一纸空谈。除了银行贷款、自筹资金、民间借贷等传统方式外，还可以充分利用风险投资、创业基金等渠道融资。

风险四：社会资源贫乏

企业创建、市场开拓、产品推介等工作都需要调动社会资源，学生创业者在这方面会感到非常吃力。平时应多参加各种社会实践活动，扩展自己的社交圈。创业前，可以先到相关行业领域工作一段时间，通过这个平台，为自己日后的创业积累人脉。

风险五：管理风险

很多年轻的创业者在理财、营销、沟通、管理方面的能力普遍不足。要想创业成功，创业者必须技术、经营两手抓，可从合伙创业、家庭创业或从虚拟店铺开始，锻炼创业能力，也可以聘用职业经理人负责企业的日常运作。

创业失败者，基本上都是管理方面出了问题，其中包括：决策随意、信息不通、理念不清、患得患失、用人不当、忽视创新、急功近利、盲目跟风、意志薄弱等。特别是学生创业者知识单一、经验不足、资金实力和心理素质明显不足，更会增加在管理上的风险。

风险六：竞争风险

寻找蓝海是创业的良好开端，但并非所有的新创企业都能找到蓝海。更何况，蓝海也只是暂时的，所以竞争是必然的。如何面对竞争是每个企业都必须要考虑的事，而对新创企业更是如此。如果创业者选择的行业是一个竞争非常激烈的领域，那么在创业之初极有可能受到同行的强烈排挤。一些大企业为了把小企业吞并或挤垮，常会采用低价销售的手段。对于大企业来说，由于规模效益高或实力雄厚，短时间的降价并不会对它造成致命的伤害，而对初创企业则可能意味着彻底毁灭的危险。因此，考虑好如何应对来自同行的残酷竞争是创业企业生存的必要准备。

风险七：团队分歧的风险

现代企业越来越重视团队的力量。新创企业在诞生或成长过程中最主要的力量来源一般都是创业团队，一个优秀的创业团队能使新创企业迅速地发展起来。但与此同时，风险也就蕴含在其中，团队的力量越大，产生的风险也就越大。一旦创业团队的核心成员在某些问题上产生分歧不能达到统一时，极有可能会对企业造成强烈的冲击。

事实上，做好团队的协作并非易事。特别是与股权、利益相关联时，很多初创时很好的伙伴都会闹得不欢而散。

风险八：核心竞争力缺乏的风险

对于具有长远发展目标的创业者来说，他们的目标是使企业不断发展壮大，因此，企业是否具有自己的核心竞争力就是最主要的风险。一个依赖别人的产品或市场来打天下的企业是永远不会成长为优秀企业的。核心竞争力在创业之初可能不是最重要的问题，但要谋求长远的发展，就是最不可忽视的问题了。没有核心竞争力的企业终究会被淘汰出局。

风险九：人力资源流失风险

一些研发、生产或经营性企业需要面向市场，大量的高素质专业人才或业务队伍是这类企业成长的重要基础。防止专业人才及业务骨干流失应当是创业者时刻注意的问题，在那些依靠某种技术或专利创业的企业中，拥有或掌握这一关键技术的业务骨干的流失是创业失败的最主要风险源。

风险十：政策、法律上的风险

市场经济是法治经济，任何经济活动都必须在法律的许可范围内开展。对于国际学生创业来说，大部分从事的是国际贸易、跨境电商等，所以要熟知各国贸易相关的法律。同时，创业者必须注意政府的相关政策，如行业准入、市场许可等，也要特别关注所从事的行业是不是该国未来要重点发展的方向。"时势造英雄"，只有乘势而上，才能获得成功。这就要求创业者熟悉与本行业相关的法律和法规，对本行业的政策变化保持高度的敏感；咨询法律和政策制定领域的专业人士，以及请有着丰富行业经验的人担任创业导师，确保创业行为在法律框架内，并且最大限度地符合政策规范并利用政策红利。

（八）附件

附件一般是放在商业计划书的最后，一些正文中不便过多叙述，但又不得不呈现的内容可以放在附件中。

1. 合同资料

合同资料一般是指新创企业已经与主要客户签订的大合同，这样才能让投资者更加信服。

2. 证明文件

证明文件往往有银行证明、顾客证明、新闻报道类文章等。

3. 图片资料

图片资料可以是产品实物照片、经营地点、仓库照片、创业团队开展活动的照片等。

4. 宣传资料

例如宣传创业企业的小册子、产品使用说明书等。

根据不同新创企业的类型，还可以补充一些其他信息，这些信息的选择一般要根据不同企业的具体情况而定，并没有固定的模式。补充这些资料主要是要让阅读商业计划书的人对这个项目增加认同感、信任感。

三、商业计划书各部分的写作技巧

商业计划书是为了解决一个问题，就是帮助投资人提前沟通，提前了解企业，省去了投资人大量的面对面的沟通时间，从而出现的商业信息的一种载体。对企业内部而言，也可以帮助企业理清成长思路的蓝图。这就要求商业计划书要呈现清晰的思维逻辑，主要能清楚地回答图 6-2 中几个问题：

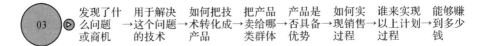

图 6-2 商业计划书要回答的几个问题

第一,用几句话清楚说明什么人在什么情况下用该产品或服务,为什么做这个,为什么你可以做,为什么选择现在做。发现目前市场中存在一个什么空白点,或者存在一个什么问题,以及这个问题有多严重。

第二,你有什么样的解决方案,或者什么样的产品或技术,能够解决这个问题。你的方案或者产品是什么,提供了怎样的功能?

第三,你的产品将面对的用户群是哪些?一定要有一个用户群的划分,最好有用户画像。

第四,说明你的竞争力。为什么这件事情你能做,而别人不能做?如果这件事谁都能干,为什么要投资给你?你有什么特别的核心竞争力?有什么与众不同的地方?所以,关键不在于所干事情的大小,而在于你能比别人干得好,与别人干得不一样。

第五,再论证一下这个市场有多大,你认为这个市场的未来是什么样的?这个市场里有没有其他人在干,具体情况是什么样的。不要说"我这个想法从来没有人做过"这样的话,投资人一听这话就要打个问号。有其他人在做同样的事不可怕,重要的是你能不能对这个产业和行业有一个基本了解和客观认识。要说实话、干实事,可以进行一些简单的优劣分析。突出自己的亮点,只要有一点比对方突出就行。刚出来的产品肯定有很多问题,说明你的优点在哪里。

第六,要做财务分析,可以简单一些。说说未来一年或者六个月需要多少钱,用这些钱干什么?说明你将如何挣钱?即盈利模式是什么。

第三节　商业计划书的展示

国际学生如果需要通过参加世界各地的创业大赛或其他方式吸引风险投资者的注意来与其他竞争者竞争商业机会,赢得更多的社会资源,那么就需要对商业计划书进行精心的准备,并信心十足地向风险投资者进行口头推介。如果口头推介进展顺利,那么距离获得融资就会更进一步。

在进行商业计划书的展示时,如何采用恰当的方式与风险投资者进行互动就显得尤为重要,这一部分包含幻灯片的展示以及演讲准备。

一、商业计划书 PPT 的制作要点

对于大部分创业者来说,要获得投资人的资金是件非常不容易的事情,在向投资人介绍创业项目前要做好充分的准备,准备的第一步就是制作 PPT (PowerPoint),而且 PPT 的内容要根据陈述时间来合理地进行布局和安排。PPT 的制作根据专家建议应该遵循 6-6-6 法则,即每行不超过 6 个词,每页不超过 6 行,连续 6 张纯文字 PPT 后需要一个视觉停顿(采用带有图、表、插图、视频的 PPT)。一般来说一个项目用 10 页 PPT 就可以将创业项目说清楚,PPT 的制作模板及要求如表 6-1 所示。

表 6-1　商业计划书 PPT 的制作要点

PPT 制作要点	制作要求
要点一: 1.项目名称及 LOGO 2.创始人姓名及联系方式	一个好的名称就是品牌传播的第一要素(尽早注册商标、域名、专利等),可以从企业定位的角度进行剖析,项目优势产品卖点等用最容易理解的词立即显示出创业项目最大的亮点

PPT 制作要点	制作要求
要点二： 项目用一句话概括 推介内容要点介绍	1. 用一句话概括要做的事情：可以借助对标的企业，例如中国版的 Airbnb、快递行业的滴滴打车；可以描述具体的事情如上门推拿、上门美甲等 2. 可讲述引人入胜的亮点，插入一些故事、逸事和统计数据等
要点三： 用户痛点	清晰表述用户的痛点，利用调查和统计数据等展示可行性：项目解决的是哪类用户的什么痛点，目前用户平均愿意为这个痛点支付多少费用
要点四： 提供解决办法 并说明"为什么我能"的理由	展示解决痛点方案的差异化特色；提供相关证明证实为什么我能解决这个痛点；用数据说明现有的成绩如何等
要点五：目标市场分析	要制作美观、准确的图表来分析环境的变化趋势、市场细分的过程及其目标市场规模等
要点六：竞品分析	详细描述现有的、潜在的直接或间接的竞争者，借助竞争者分析工具直观地说明项目的竞争优势
要点七：商业模式、营销推广策略	详细描述商业模式以及市场营销的策略，说明定价策略和运营方式
要点八：团队管理	对核心团队成员进行介绍，包含团队背景、所持资源、与 CEO 共事的经历、目前分工情况、已做出的贡献、持股比例等
要点九：财务规划、融资需求	介绍 3—5 年内的收入规划及现金流规划，尽量用客观、翔实的数据进行说明。介绍想要融资的数目及资金的使用方法
要点十：项目愿景	用一句话说明项目的愿景，愿景尽量体现中外各方面的交流、合作

二、PPT 制作的细节问题

第一，能用图，少用表格；能用表格，少用文字；切忌用大段的文字。

第二，每页中的内容不要过多，保证必要的信息量即可。路演现场，大家根本就没有心思去阅读，更多的是聆听，所以 PPT 做得丰富多彩，不让下面观众视觉疲劳就可以了。

第三，减少不必要的动画效果，便于制成 PDF 格式。

第四，注意配色、图表文字搭配，和谐统一。

三、路演准备

演讲者(一般都是创始人)在公众面前推演自己的项目，除了要准备完善的 PPT 之外，演讲者本身也要充满精神面貌，一套合适的着装、精致的妆容和发型，都是能够加分的。所以，不要忽略这些小细节。

项目路演技巧有
哪些

除此之外，演讲准备要尽可能多地搜集听众的信息，一般风险投资者都有自己的网站，上面会罗列一些背景信息，如果商业项目要参与竞争，对于评委的姓名及背景资料有比较全面的了解，这非常重要。

要严格控制时间，一般商业项目路演都会规定时间，一定要严格按照规定时间来准备路演的稿子，演讲时不要过快或过慢。

视野拓展

要决定谁来完成路演，一般来说是项目创始人，当然也可以是团队成员相互配合完成，但不建议参与人员过多。

要对投资人或评委会问的相关问题做好相应的准备。通常

项目路演容易出
现的问题

在项目路演之后，投资人或创业大赛的评委会对项目感兴趣或有疑问的地方发起提问，那么创业团队一定要做好相关准备，回答问题要条理清晰，切勿不着重点，毫无逻辑。

阅读材料

"互联网＋"大赛常见问题

问题 1：目前你们的项目在创意阶段，之后你们会成立公司，将这个创意落地实现吗？

答辩提示：这个问题是个"坑"，不小心会掉进去出不来。投资就是投入，如果项目团队只是以参赛为目的，而不是真正要将项目落地，那么，很难得到投资人评委的认可。

问题2：你们的项目如何实现盈利？（你们项目的盈利模式是什么？）

答辩提示：这是一个商业路演中投资人评委一定会关注的内容，对于这个问题，创业团队一定要结合项目自身定位，做出合理可信的回答，不编造，不虚夸，当然，也不要过于保守。

问题3：你们为什么想到做这个项目？

答辩提示：这是一个关乎项目由来的问题，是投资人、评委经常关注的问题。回答好了，就是加分，答不好，会让评委对于你们做此项目的初衷产生怀疑。

问题4：为什么你们有机会将这个项目做成？

答辩提示：这个问题可以转化为你们团队做这个项目有什么独到的优势与资源。回答这个问题前一定要对自己的团队优势、技术优势等非常熟悉，整理好思路，言简意赅地回答问题，适当对每项优势展开说明。

问题5：现在市场上已经有×××做了类似的项目，你们与他们相比有什么特色？

答辩提示：这是一个要提前有过认真准备的问题，如果评委提出的×××你之前没有听说过，这可能会很麻烦，说明评委在你所做项目的领域，比你了解得还多，也说明了项目团队准备得不够充分。在路演中，竞品分析是一个重要的环节，好的竞品分析，可以突出项目的独特性与差异化。

问题6：如果让你们从现在想做的事情中，选一件最想做的事情，你们会选哪一件？（还有一种问法：如果让你们从现在想做的所有功能中，开始时只选择一个功能，你们会选择做哪一个？）

答辩提示：一般问到这个问题，评委可能认为创业团队在目标客户上表述不清晰，或想做的事情太多，以及想实现的功能太多。这个问题，是每个项目团队要经常问自己的问题，创业项目，切记不要"大而全"，而要"小而美"，不要动不动就改变世界，先从一个小的机遇把握、一个小的改变做起。

问题7：你在团队中是什么角色？

答辩提示：问到这个问题，说明在路演开始时，路演人没有把自己角色交代清楚。另外，这个问题的潜台词可能是：感觉你对这个项目好像不是很熟悉？

问题 8：你们这个项目是公益项目还是商业项目？

答辩提示：这是一个杀伤力很强的问题。投资人或评委不反对公益项目通过商业模式实现自我造血，促进公益项目长期健康发展。但是一定要避免给投资人、评委留下这样的印象：公益商业混为一谈，以公益为幌子，做商业的行动。

问题 9：你们的数据是如何预测出来的？

答辩提示：当评委提出这个问题的时候，是对项目数据合理性与可行性提出了质疑，所以出现在创业计划书和路演 PPT 上的财务数据一定要经得起推敲，不要人为编造。因为这些投资人、评委，天天的工作就是看商业计划书和参加项目路演，他们中的一些人，可能就是你所做项目领域的专家，对于数据是有高度敏感性的。

问题 10：如果用一句话（或 30 秒）来描述你们所做的是什么，你如何来描述？

答辩提示：这是一个关键性的问题，不论评委是否会问，都需要每一支团队准备好一致的答案。

问题 11：大赛名称是"互联网＋"大学生创新创业大赛，你们的项目如何体现"互联网＋"？

巩固复习

答辩提示：答案可在大家通知原文中找到，同时需要深刻理解大学生创新创业与"互联网＋"的关系所在。

第六章

课后思考题

一、基本概念

商业计划书

二、简答题

1.商业计划书的类型有哪些？

2.商业计划书有什么作用?

3.商业计划书的特点有哪些?

4.在撰写商业计划书前要做哪些准备?

5.商业计划书一般包含哪些部分?

6.商业计划书在展示环节要做好哪些准备?

三、实践训练

任务一:商业计划书撰写比赛

1.3—5个同学一组,以小组的形式参赛。每个组自由组合,推举产生一名组长,组长负责统筹商业计划书的撰写,组员一起合作完成商业计划书的撰写。

2.确定创业项目,收集相关资料并做好市场调研。要点可以包括创业项目、创业目标、创业愿景、产品和市场定位、创业项目优势等。

3.梳理创业计划书写作要点,分工合作撰写商业计划书。

4.提交创业计划书。

任务二:项目路演

完成商业计划书撰写后,创业团队还要向全班同学展示创业想法,准备路演PPT和演讲稿,模拟项目路演。

按抽签顺序,每个小组依次到讲台上分享创业计划,要求小组每位成员都发言或回答问题。

3.比赛评比

任课教师安排好模拟路演的评委,按照"互联网+"创业比赛的评分标准进行评分。

第七章 外国人在华创办企业与生存管理

▶ **学习目标**

1. 了解外国人在华创办企业的类型。

2. 掌握外国人在华创办企业的流程。

3. 熟悉外国人在华创办企业必须要考虑的法律问题。

4. 了解外国人在华创办企业过程中的资金、团队和激励等管理方法。

案例导入

　　国际学生阿玛来自俄罗斯，他从小就对中国非常向往，在朋友的帮助下他2019年来到中国义乌学习，在义乌学习的两三年间，他敏锐地感觉到跨境电商是未来几年的发展方向，而义乌及周边地区的市场正好可以为此提供品种繁多的商品。在经过一番市场调研之后，阿玛发现一些市场上的智能小家电在俄罗斯市场上深受顾客欢迎，亚马逊、速卖通等平台上卖智能小家电的商家还不太多，于是他决定毕业之后就在义乌注册一家电商公司，主营跨境电商业务，先从智能小家电入手，根据后面销售情况逐步铺开所售产品。有了初步设想之后，他到处打听如何在义乌注册一家电商公司，最终在学校老师和中国朋友的帮助下完成了公司的注册。

第一节　外国人在华创办企业

一、外国人在华创办企业的类型

依据中国的法律法规,外国(地区)投资者在中国进行投资,需要登记实体的有以下四种形式:一是外国企业经核准后直接在中国境内从事生产经营活动(以下简称"外国企业直接经营");二是设立外商投资企业;三是设立外国企业常设代表机构(以下简称"代表机构");四是外资并购境内企业。为了方便理解,我们可以把前三种形式简单理解为,外国企业在中国的分公司、子公司和代表处。四种形式适用于不同的情况,特点各异,各有优劣。

2020年1月1日起施行的《中华人民共和国外商投资法》,是外商投资基础性法律,外商投资活动全面的、基本的法律规范,是外商投资领域起龙头作用、具有统领性质的法律。外商投资法第二条规定,本法所称外商投资,是指外国的自然人、企业或者其他组织(以下称外国投资者)直接或者间接在中国境内进行的投资活动,包括下列情形:①外国投资者单独或者与其他投资者共同在中国境内设立外商投资企业;②外国投资者取得中国境内企业的股份、股权、财产份额或者其他类似权益;③外国投资者单独或者与其他投资者共同在中国境内投资新建项目;④法律、行政法规或者国务院规定的其他方式的投资。

外国企业直接经营和设立代表机构,就属于外商投资法第二条第四项规定的其他方式的投资。虽然代表机构一般不从事营利性活动,但也有条约规定可以从事营利性活动的例外情况。外商投资法第二条第三项规定的外国投资者在中国境内投资新建项目也有可能以外国企业直接经营的形式存在。

下面就对外国企业直接经营、设立外商投资企业和设立外国企业常设代表机构三种投资形式进行简要的介绍和比较。

（一）外国企业经核准后直接在中国境内从事生产经营活动

《外国（地区）企业在中国境内从事生产经营活动登记管理办法》（以下简称"外企境内直接经营登记办法"）第二条规定，根据国家有关法律、法规的规定，经国务院及国务院授权的主管机关（以下简称审批机关）批准，在中国境内从事生产经营活动的外国企业，应向省级市场监管管理部门（以下简称登记主管机关）申请登记注册。外国企业经登记主管机关核准登记注册，领取营业执

微课堂

国际创客了解相
关法律的重要性

照后，方可开展生产经营活动。未经审批机关批准和登记主管机关核准登记注册，外国企业不得在中国境内从事生产经营活动。第三条规定，根据国家现行法律、法规的规定，外国企业从事下列生产经营活动应办理登记注册：①陆上、海洋的石油及其他矿产资源勘探开发；②房屋、土木工程的建造、装饰或线路、管道、设备的安装等工程承包；③承包或接受委托经营管理外商投资企业；④外国银行在中国设立分行；⑤国家允许从事的其他生产经营活动。

依据北京市外国（地区）企业在中国境内从事生产经营活动核准办事指南，外国（地区）企业承包工程应提交市建委的批准文件；外国（地区）金融企业应提交国家金融监督管理总局的批准文件；外国（地区）保险企业应提交国家金融监督管理总局的批准文件；外国（地区）勘探开发石油资源应提交中方合作单位出具的介绍函。

1. 谁可采用此种投资形式：

拟从事以下第3项所示特定业务的外国（地区）企业。

2. 特点

外国企业直接在中国境内经营，类似分公司、分支机构。

3. 适用的业务范围

可采用外国企业直接经营这种形式的只有以下五种类型的业务：①陆上、海洋的石油及其他矿产资源勘探开发；②房屋、土木工程的建造、装饰或线路、管道、设备的安装等工程承包；③承包或接受委托经营管理外商投资企业；④外国银行在中国设立分行；⑤国家允许从事的其他生产经营活动。

4. 审批要求

均须审批核准。

（二）设立外商投资企业

外商投资法第二条规定,本法所称外商投资企业,是指全部或者部分由外国投资者投资,依照中国法律在中国境内经登记注册设立的企业。此类外商在华设立企业的主要形式包括中外合资经营企业、中外合作经营企业和外商独资企业,还有其他投资方式如设立外商投资股份有限公司、投资性公司、中外合作开发等。

阅读材料

设立外商投资企业有以下要求:

(1)谁可以设立外商投资企业:

外国的自然人、企业或者其他组织(以下称外国投资者)。

(2)特点:在中国境内登记注册设立,企业的"国籍"是中国。

(3)适用的业务范围:负面清单规定的禁止类项目以外的所有业务均可采用外商投资企业的形式。

(4)审批要求:与对内资企业的审批条件和程序一致。

1. 中外合资经营企业

中外合资经营企业是指依照中国有关法律在中国境内设立的外国公司、企业和其他经济组织或个人与中国公司、企业或其他经济组织共同举办的合营企业,即两个以上不同国籍的投资者,根据《中华人民共和国公司法》和《企业法人登记管理条例》的规定共同投资设立,共同经营,共负盈亏,共同担当风险的有限责任公司,具有中国法人地位。外国投资者所占注册资本的投资比例一般不得少于 25%。

2. 中外合作经营企业

中外合作经营企业是指外国企业或外国人与内地企业依照《中华人民共和国中外合作经营企业法》及有关法律的规定,依照合作合同的约定进行投资或提供条件设立、分配利润和分担风险的企业。中外合作经营企业由合作各方就各自提供的条件、权利、义务、收益分配或风险、债务的承担、企业的管理方式、期满后的财产处理等协商,在企业合同中做出明确规定。这样的企业很多由外国合作方提供全部或大部分资金、技术、关键设备等,中方通常负责提供土地使用权、现有厂房设备或部分资金。

3. 外商独资企业

外商独资企业是指外国的公司、企业、其他经济组织或者个人,依照中国法律在中国境内设立的全部资本由外国投资者投资的企业。外商独资企业的组织形式为有限责任公司,不包括外国的企业和其他经济组织在中国境内的分支机构。

4. 外商投资股份有限公司

外商投资股份有限公司是指依据《中华人民共和国公司法》和有关规定设立,公司全部资本由等额股份构成股东以其所认购的股份对公司承担责任,公司以全部财产对公司债务承担责任,中外股东共同持有公司股份。

5. 投资性公司

投资性公司系指外国投资者在中国以独资或与中国投资者合资的形式设立的从事直接投资的公司。公司形式为有限责任公司。因其依照中国法律设立、具有外商独资或者中外合资性质,所以,该投资性公司为中国法人。

外国投资者需要资信良好,拥有举办投资性公司所必需的经济实力,该投资者在中国境内已设立了 10 个以上外商投资企业,其实际缴付的注册资本的出资额超过 3000 万美元。申请前一年该投资者的资产总额不低于 4 亿美元,且该投资者在中国境内已设立了外商投资企业,其实际缴付的注册资本的出资额超过 1000 万美元。此种情况下,外国投资者可以其全资拥有的子公司的名义投资设立投资性公司。

6. 中外合作开发

中外合作开发是指中国公司与外国公司通过订立风险合同,对海上和陆上石油、矿产资源进行合作勘探开发。它是目前国际上在自然资源领域广泛使用的一种经济合作方式,其最大的特点是高风险、高投入、高收益。合作开发一般分为三个阶段,即勘探、开发和生产等阶段。

(三)设立外国企业常设代表机构

《外国企业常驻代表机构登记管理条例》第二条规定,本条例所称外国企业常驻代表机构(以下简称"代表机构"),是指外国企业依照本条例规定,在中国境内设立的从事与该外国企业业务有关的非营利性活动的办事机构。代表机构不具有法人资格。

1. 谁可以设立外国企业常设代表机构

外国(地区)企业。不涉及国际组织设立代表机构的情形。

2. 特点

不具有法人资格,不得从事营利性活动。

3. 可从事的业务范围

可以从事与外国企业业务有关的下列活动:①与外国企业产品或者服务有关的市场调查、展示、宣传活动;②与外国企业产品销售、服务提供境内采购、境内投资有关的联络活动。

4. 审批要求

一般行业无须审批,实行直接登记,特殊行业须经审批。特殊行业是指,法律、行政法规或者国务院规定设立代表机构须经批准的行业。具体有出版、广播电影电视、银行、证券、保险、航空运输、律师法律服务等。

外国企业常设代表机构(以下简称"代表机构")是外国企业在中国存在的一种重要形式,很多外国企业出于稳妥推进投资项目的考虑,先设立驻华代表机构,待熟悉市场和营商环境后再加大投资,申请从事生产经营活动或设立外商投资企业。

其经营范围最初应在向登记机关提交的文件中写明,由市场监督管理机关确认后(特殊行业需审批),该经营范围被规定在常驻代表机构登记证上。虽然有关政府规章不允许办事处从事直接经营活动,但并不意味着办事处不得从事任何经济活动。办事处有权从事维持其运营所必需的经济活动,签订维持办事处运营所需的经济合同。

（四）外资并购境内企业

进入 21 世纪以来，中国利用外资事业进入一个新的发展阶段。外资在中国经济发展中的影响越来越大，外资并购国内企业日益成为外商投资中国国内市场的重要方式之一。通过并购方式投资具有三大优势：第一，采取并购的方式可以节约投资时间、资金、精力和风险；第二，通过并购控股可以用少量的资本控制，运用更多的资产，谋求更多的利润；第三，借助并购可以绕开各种各样的障碍，直接进入并购企业所在行业和已有的市场。

根据《关于外国投资者并购境内企业的规定》，外国投资者并购境内企业应符合十项基本要求：

第一，遵守中国的法律、行政法规和规章。第二，遵循公平合理、等价有偿、诚实信用的原则。第三，不得造成过度集中、排除或限制竞争。第四，不得扰乱社会经济秩序和损害社会公共利益。第五，不得导致国有资产流失。第六，应符合中国法律、行政法规和规章对投资者资格的要求。第七，应符合中国法律、行政法规和规章对涉及的产业、土地、环保等方面的政策要求。第八，依照《外商投资产业指导目录》，不允许外国投资者独资经营的产业，并购不得导致外国投资者持有企业全部股权；需由中方控股或相对控股的产业，该产业的企业被并购后，仍应由中方在企业中居控股或相对控股地位；禁止外国投资者经营的产业，外国投资者不得并购从事该产业的企业。第九，被并购境内企业原有的经营范围应符合有关国际创客投资产业政策的要求。对不符合要求的，应先进行调整。第十，根据需要增加规定的其他要求。

《关于外国投资者并购境内企业的规定》在允许货币现金作为唯一支付手段的基础上，又增加了以股权作为支付手段的规定，符合国际惯例，有助于推动中国企业与国际市场相融合，有助于企业跨国并购，尤其是为特殊目的公司的操作提供了有力的支持。该规定将外资并购划分为股权并购与资产并购两大类。

1. 股权并购

股权并购是指外国投资者购买境内公司股东的股权或认购境内公司增资使该境内公司变更设立为外国投资企业。股权并购的方式可以分为两类：以货币现金购买境内公司股东股权或认购境内公司增资股权;以境外特殊目的公司股东股权或特殊目的公司以其增发的股份购买境内公司股东股权或认购境内公司增资股权。

2. 资产并购

资产并购是指外国投资者设立外商投资企业,并通过该企业协议购买境内企业资产且运营该资产,或外国投资者协议购买境内企业资产,并以该资产投资设立外商投资企业运营该资产。

资产并购仅允许以货币现金购买境内公司资产,而排除以股权作为支付对价购买境内公司资产的情形。需要注意的是,从注册资本与投资总额设立比例关系的角度来看,《关于外国投资者并购境内企业的规定》对资产并购未设有硬性的具体比例限制,而对股权并购则明确规定了 4 个数额阶段的比例限制:注册资本在 210 万美元以下的,投资总额不得超过注册资本的 10/7;注册资本在210 万美元以上至 500 万美元的,投资总额不得超过注册资本的 2 倍;注册资本在 500 万美元以上至 1200 万美元的,投资总额不得超过注册资本的 2.5 倍;注册资本在 1200 万美元以上的,投资总额不得超过注册资本的 3 倍。

从《关于外国投资者并购境内企业的规定》中可以看出,中国政府对外资并购境内企业和中国企业走向境外资本证券市场两方面均表达了强烈的支持力度和法律规制要求。

二、外国人在华创办企业的流程

(一)创办企业的法律依据

外国人在华创办企业的法律依据包括《中华人民共和国公司法》《中华人民共和国公司登记管理条例》《中华人民共和国行政许可法》《中华人民共和国中外合资经营企业法》《中华人民共和国外商投资法》等。

(二)办理需提交的材料

(1)拟任法定代表人签署的《外商投资公司设立登记申请书》。

（2）审批机关的批准文件（批复或批准证书副本）。申请人应自收到批准证书之日起 90 日内到登记机关办理登记注册手续；以中外合资、中外合作、外商独资形式设立公司的，申请人应自收到批准证书之日起 30 日内到登记机关办理登记注册手续；募集方式设立的股份有限公司公开发行股票的，还应提交国务院证券监督管理机构的核准文件原件或有效复印件。

（3）公司章程。章程需投资各方法定代表人或其授权人签字、盖章的原件，投资者为自然人的由本人签字，提交的公司章程应与审批部门批准的相一致。

（4）《名称预先审核通知书》。《名称预先审核通知书》应在有效期内，且内容与拟设立公司申请的相关事项吻合。

（5）投资者的主体资格证明或自然人身份证明。中方投资者应提交由本单位加盖公章的营业执照、事业单位法人登记证书、社会团体法人登记证、民办非企业单位证书复印件作为主体资格证明；外国投资者的主体资格证明或身份证明应经其本国主管机关公证后送中国驻该国使（领）馆认证。如其本国与中国没有外交关系，则应当经与中国有外交关系的第三国驻该国使（领）馆认证，再由中国驻该第三国使（领）馆认证。某些国家的海外属地出具的文书应先在该属地办妥公证，再经该国外交机构认证，最后由中国驻该国使（领）馆认证。香港、澳门和台湾地区投资者的主体资格证明或身份证明应当按照专项规定或协议依法提供当地公证机构的公证文件。

（6）董事、监事和经理的任职文件及身份证明复印件。此项包括董事长、监事会主席、职工代表监事的任职文件。董事、监事和经理的产生应符合公司章程的规定。

（7）法定代表人任职文件和身份证明复印件。法定代表人的产生应符合公司章程的规定。

（8）依法设立的验资机构出具的验资证明。此项适用于股份有限公司和金融、证券、保险类公司及基金管理公司等在设立时，依法应当一次性缴付全部出资的其他类型有限公司。

（9）股东首次出资是非货币财产的，提交已办理财产权转移手续的证明文件。此项适用于股份有限公司和金融、证券、保险类公司及基金管理公司等在设立时，依法应当一次性缴付全部出资的其他类型有限公司。

(10)公司住所证明。自有房产提交产权证复印件,并提交原件核对;租赁房屋提交租赁协议原件及出租方的产权证复印件,以上不能提供产权证复印件的,提交能够证明产权归属的其他房屋产权使用证明复印件。出租方为宾馆、饭店的,还应提交宾馆、饭店的营业执照复印件。房屋的使用权证明不是房产证的,应提交以下房屋使用权证明:房屋所在地乡镇以上政府出具的产权归属证明的原件。住所应当使用房屋产权证明上的地址,房屋产权证明文件和其他申请材料中关于住所地址门牌号应一致。如果房屋产权证明文件与申请的住所地址表述不一致的,应提交对住所所在地重新命名或更改地名的相关证明,如地名办证明、当地派出所证明、当地政府文件等;如果住所的房屋系租赁使用,租赁合同中的出租方名称与房屋产权证明上名称不一致的、应要求提交出租方名称改变或延变的证明文件;如果租赁合同为转租合同,应提交房屋产权人同意转租的相关证明;房屋产权有共有人的、出租合同应由共有人共同签字或提交共有人同意出租给公司作为住所使用的证明。企业将住宅改变为经营性用房的,还应当提交《住所经营场所登记表》《关于同意将住宅改变为经营性用房的证明》。

(11)创立大会的会议记录。此项仅适用于以募集方式设立的股份有限公司。

(12)前置审批文件或证件。此项适用于经营范围中有法律、行政法规和国务院决定规定必须在登记前报经批准的项目的国际创客投资的公司。

(13)法律文件送达授权委托书。此项由外国投资者(授权人)与境内法律文件送达接受人(被授权人)签署。该委托书应当明确授权境内被授权人代为接受法律文件送达,并载明被授权人地址、联系方式。被授权人可以是外国投资者设立的分支机构、拟设立的公司(被授权人为拟设立的公司的,公司设立后委托生效)或者其他境内有关单位或个人。

(注:以上文件除标明复印件外,应提交原件。以上所提交的文件若用外文书写,须提交中文译本,并加盖翻译单位印章。)

(三)办理程序

公司提交股东身份证明原件办理名称核准(当天领取《企业名称预先核准

通知书》)→公司按要求备齐资料→工商受理人员初审→工商审核人员核准→核发营业执照。

(四)办理期限

对申请材料齐全,符合法定形式的,自收到《受理通知书》之日起 3 个工作日后领取营业执照。

(五)收费标准

免收费。

第二节　新企业的生存管理

"创业容易守业难。"据统计,90%的创业公司都会在前三年关门,有的生存周期甚至更短。这些新企业创业失败的原因大部分来自资金问题、团队缺乏战斗力、计划性不足和信息资源匮乏等。

视野拓展

国际学生创业案例:坚持住才能成功

一、新企业的资金管理

俗话说"钱不是万能的,但没有钱是万万不能的"。对于创业者而言,随时需要关注是否有足够的资金进货? 是否有足够的钱发工资? 是否有足够的钱还银行贷款? 这一系列问题都影响着企业的运营,而创业者缺乏资金管理的知识和能力是导致新创企业破产的重要原因。

【创业案例 7-1】

MySee 视频直播研发公司

在中国,Mysee 是最早进行 P2P 视频直播研发技术的公司,是集视频直播、点播、互动娱乐、无线增值等服务于一体的宽带视频娱乐服务平台。公司曾联合各大门户网站、电信运营商进行了国内外 50 余次大型活动的网络直播。公司创始人高燃毕业于清华大学新闻系,2004 年 10 月,高燃创业做了一个 B2C 电子商务网站,并获得了远东控股集团董事长蒋锡培 100 万元的天使投资,但最终失败。2005 年 2 月,高燃与同在创业的清华同学邓迪合并公司,创立 MySee.com,蒋锡培追加 100 万元投资。2006 年初,Mysee 获得北极光和赛伯乐等机构一共 200 万美元的投资。

让 Mysee 声名鹊起的并不是"视频",而是"烧钱速度"。公司共有几十个人,每个月要花掉 100 多万元,办公室光装修就花去 100 多万元,还要花大量的资金购买视频内容。8 个月时间,200 万美元的投资款,消耗殆尽。另外,作为创始人和公司总裁,高燃仍然丢不掉自己媒体人的本质。他总是默许媒体夸大事实,融资 200 万美元变成了融资 1000 万美元。据投资人说,他最关注的都是自己的知名度和形象,他到处演讲,宣扬创富成就,但只为自己做市场,不为公司做市场。在投资人看来,高燃拿投资人的钱去包装自己,甚至还有其他的用途,但就是没有用来给公司做企业。钱花光了,业绩毫无起色,高燃被迫离开了 MySee。

(资料来源:根据失败论微信公众号资料整理

网址:https://mp. weixin. qq. com/s/LQmPxADTyuFCoFZe_T3CCg)

(一)账目清晰

创业者在创业初期最容易犯的一个错误就是把私人的钱和企业的钱混为一谈。用公账请客吃饭、购买私人物品,用私人账户与客人进行收付款交易等,这样做不但无法明确企业的现金收支,还会有偷税漏税等法律风险。因此,在创业活动刚开始时就应该单独开设一个企业账户,将私人账户和企业账户严格区分。

有的创业者没有记账的习惯,认为营业收入就是利润,不考虑企业的成本和费用,以至于过早地分红或再投资,导致企业现金流短缺。新创企业至少应该有三本账目:

现金账:记录企业的每一笔现金收支。

销售账:以单日为记录周期,按周或者月结算,记录中要包含销售额、成本、进货和销售数量、存货账目等。

费用账:主要记录企业经营开销,包括工资、房租、水电费、耗材等费用。

此外,新创企业还有必要引入财务防火墙机制,将出纳和财务分开,核对现金收支和账目收支,如果有创业合伙人要定期向合伙人报告,保证基金切实为企业发展所用,而不是为个人所有。随着企业的逐渐壮大,创业者有必要将这些账目制作成资产负债表、损益表和现金流量表,能让创业者了解企业的财务状况,有利于企业的进一步发展。

(二)测算投资回报率

ROI 投资回报率的英文名为 Return on Investment ,缩写为 ROI。投资回报率(ROI)＝(税前年利润/投资总额)÷100％,是指企业从一项投资性商业活动的投资中得到的经济回报,是衡量一个企业盈利状况所使用的比率,也是衡量一个企业经营效果和效率的一项综合性的指标。

投资回报率越高代表所获得的利润越高,但投资回报率并不是越高越好。一般而言,投资回报率在 5％—20％之间是较为合适的,超过 20％的通常属于高利润行业。投资回报率是具有一定的时效性的,一般是基于某些特定年份。例如,历史投资回报率为 20％,并不能代表将来的回报率也可以达到 20％。在权衡投资回报率时,还需考虑投资的期限。投资期限越长,投资回报率就应该越高,因为时间越长,投资风险就越高,资金损失的概率也越大。

(三)控制运营现金流

企业现金流就好比是人的血液,企业可以承受暂时的亏损,但承受不起现金流的中断。如果运营现金流无法支付短期债务,则可能引起债务危机而导致企业破产。创业者一定要树立现金流管理意识,加强对企业的现金流管理,形成良性的现金流循环。

(四)控制融资成本

创业融资渠道主要包括创业团队自有资金、银行贷款和外部投资。然而相对于银行贷款和外部投资,自有资金总是有限的,创业者需要重视外部融资方法,打通融资渠道,保证企业未来的资金供给,减少融资成本。

创业贷款是近年来银行推出的一项新业务,凡是具有一定生产经营能力或已经从事生产经营活动的个人,因创业或再创业需要,均可以向开办此项业务的银行申请专项创业贷款。国际学生创业者也同样可以申请创业贷款,银行贷款一般分为短期贷款和中长期贷款两种,贷款期限越长利率越高,如果创业者资金使用需求的时间不是太长,应尽量选择短期贷款。此外,创业融资也要关注利率的走势情况,如果利率趋势走高,应抢在加息之前办理贷款,这样可以在当年度内享受加息前的低利率;如果利率走势趋于下降、在资金需求不急的情况下则应暂缓办理贷款,等降息后再适时办理。

外部投资的资金规模更大,可行性更高,形式也更多种多样。新创企业可采取引入联合创始人、引入天使投资人、申请政府补贴、众筹等方式达到从外部融资的目的。为吸引外部投资,创业者需制定清晰的战略规划和资本规划,要点包括企业简介(公司信息、团队和股权构成)、行业情况(机会和痛点)、竞争情况(行业中的玩家)、核心竞争力(企业的拿手本领)、运营现状(用业务及财务数据来验证模式和竞争力)、发展规划(未来三年在市场、产品、资本方面的战略规划)、经营预测(业务、财务数据)、融资规划(融资计划、资金使用计划、资本退出规划)等。一份全面的商业计划书和一场优秀的路演,足以吸引外部投资人。

二、新企业的团队管理

创业团队组建之后,团队领导者要制定团队成员的工作分工与所有权分配方案,工作分工是对团队成员要承担的任务进行协调规划,需依托团队及成员自身特点,结合创业计划和目标,明确每位成员的工作职责、权利范围,使每位员工发挥所长,达到团队运作效率最大化。团队管理要注意以下六个要点:

(一)制定目标与远景

团队的所有成员绝不是平白无故走到一起的,所谓"同志相得,同道相成",拥有共同的目标是一个必不可少的基础要件,作为一个高效的团队,光有目标还不行,还必须有远景。与目标相比,远景更能激发人持久的动力;与远景相比,目标则是一个又一个的试金石与里程碑。

(二)保持良好的沟通

管理好团队最重要的是要学会沟通,如正在进行的项目遇到的难题、卡到的节点是什么,都需要和团队的相关负责人沟通,才可以让项目顺利执行下去。所以,管理者应该主动与员工保持良好的沟通,并告知他们组织内部的事情。另外,管理者也需要鼓励员工进行反馈,这样才能了解员工心里的想法,更好地管理团队。

(三)将工作委派给合适的人

团队里每个员工的工作技能都略有不同,作为一个管理者,管理好团队,应该拥有洞察的本领,能全面评估每个人的工作能力,将合适的工作安排给合适的人,最大限度地发挥每个人的潜力,对团队的生产力也会产生重大影响。

(四)差异化管理员工

外国人在中国创业,面对多元化员工队伍,差异化管理是成功的关键。首先,了解并尊重每位员工的文化背景,通过文化培训和交流活动,促进相互理解和尊重。其次,在激励方面,采取多元化策略,根据员工的个人需求和文化背景制订激励措施,如职业发展机会、绩效奖励等,以确保每位员工都得到认可。同时,建立有效的沟通机制,促进信息的及时传递和团队间的紧密协作,解决因文化差异可能产生的冲突。此外,注重员工关怀,建立合适的福利制度,为外国员工提供必要的生活支持,如住宿、医疗、子女教育等,同时关注所有员工的心理健康,提供必要的支持服务。

(五)团队领导很重要

千军易得,一将难求。同样一支部队,让不同的将军来率领,其战斗力可能大相径庭。找到一个好的将军,才有可能造就百战百胜的军队。在企业的管理实践中,其理亦然。对一个将军的素质要求,在不同的大环境下,可能略有不同,有时从中正,有时从权。

(六)注重技能培训

工作除了获取物质需求外,更多的还是希望能在工作过程中学习到有用的知识。员工更愿意留在能给他们提供培训技能,学习到更多专业知识的团队里。因此,管理者管理团队,应该注重员工的技能培训,并留下他们继续为团队工作,一举两得。

三、新企业的激励管理

对创业团队成员的有效激励,能使其在较长时间内保持创业的激情,并围绕创业目标而努力。哈佛大学教授威廉·詹姆士研究显示,如果缺乏有效激励,人们的潜能只能发挥出 20%～30%,而科学有效的激励机制能够让成员把另外 70%～80%的潜能也发挥出来。科学的激励工作需要奖罚并举,对所有人一视同仁。激励必须公平、公正。激励得当,能够有效激发团队成员的创新意识和开拓意识,促进创业团队的成长。惩罚多用于违反制度规定的行为。团队管理者应当多激励少惩罚。激励可以调动团队成员的积极性,提高执行力。

一个有效的激励机制需要包含三个重点:薪酬体系、成长机会和竞争机制。

创业者初期可能不太关注薪酬体系,甚至没有考虑过创业合伙人的工资问题,认为只要企业赚钱了,合伙人就可以获得股东分红。此外,有的创业者设置的创业团队薪酬结构过于单一,仅包含基本工资,并未包含绩效奖金。没有一个合理的薪酬体系将减弱员工的积极性,而科学有效的薪酬体系是一种非常重要且简单易用的激励机制,可以让员工发挥最佳潜能,为企业创造更大的价值。

薪酬体系的重点在于将基本工资和绩效奖金结合，在基本工资保证员工日常开销的前提下，通过绩效奖金使员工"多劳多得"，从而调动团队的工作积极性。

新创企业需要成长机会，创业团队更需要成长机会。对于个人来说，当前的收入和未来的收入都能调动个人的工作积极性，但更多人在意的是未来的收入和成就。新创企业需要设置合理的晋升规则以及股权激励计划，给予个人广阔的晋升空间，使员工逐步成长为企业的管理者、决策者或合伙人，最终实现个人的价值和梦想。另外，企业也有义务和责任为员工提供专业知识培训或外出学习，给予员工在能力上提升的机会，也会使员工更具有工作的热情。因此，企业是否能为员工提供收入和能力的双重成长机会，在一定程度上决定了员工的积极性。

团队激励六大法则：

（1）找到每一个人的梦想，并让员工相信公司可以帮助其实现梦想，创业者首先要做的，是建立一种信任。

当创业者与员工打交道时，创业者要了解员工的梦想是什么，和员工进行沟通，并让员工相信，公司的创业项目可以帮助他实现这个梦想。通过这种真挚的沟通，创业者和员工不但可以建立信任，还能实现利益的互绑。即两者互相实现梦想，而且拥有同一个伟大的梦想，于是，整个团队就得到了激励。

（2）低效率依靠管理，高效率则依靠激励，在团队管理中，越来越多的管理者注意到心灵沟通的重要性，这时候就会派生出很多奖励政策，以此来达到管理团队的目的。

现在，很多公司都有奖励员工的政策，但产生的效果并不都是积极正面的，有的时候会适得其反。因为如果创业者错误地刺激和奖励了不正确的行为，那么之后这种不正确的行为就会不断地重复出现。

（3）把员工视为不可缺少的合作伙伴，让员工有主人翁的感觉。

让员工参与制定团队的规则，如果公司的员工拥有了这项权利，他会产生极大的团队主人的感觉。这种利用人的参与性的方法，是一项非常重要的激励制度，也是一种管理者的福利。如果公司把员工当作合作伙伴，他们就会表现得像公司的合伙人，所以，不管公司员工在公司当中有没有股份，是什么职位，创业者都一定要在语言上、态度上表现得像一个亲密无间的合作伙伴，比如多使用"我们"而不是"公司和你"。由此,员工们也会表现得像合作伙伴一样,为公司尽心尽力。

(4)让那些充满活力的员工去带动企业整体的效率,人与人之间会有相互的带动作用,如果团队当中的人有优秀的表现,其他人也会去效仿他、学习他以及超越他。

所以,一个优秀的团队需要不断地吸引充满活力的员工。一名有活力的员工,会把周身的活力传染给身边的每一个伙伴,形成一种良好的示范效应,从而让整个团队都受到激励,充满活力。

因此,创业者平时就要学会观察,哪些人是充满活力的,是值得激励的。创始人要找到这类人,把他树立为公司的优秀榜样,成为一种典范人物,并让他去影响和带动别人,从而带动企业的整体的效率。

(5)要拿出充沛的时间与员工良好沟通。

作为一名管理者,创业者要拿出足够的时间与员工进行沟通,使双方的心灵能够得到交流。当一个管理者与员工开始沟通的时候,员工其实已经感受到了很大的激励,说明公司管理者很重视他。每个人在团队当中所要寻找的就是一种存在感。

拿破仑曾说,他是为徽章而死。徽章代表了团队至高无上的荣誉,所以只要能够帮助团队夺得这枚徽章,就代表了他是团队当中最重要的人,这就是荣誉感的魅力。

在沟通的过程中,创业者也会有自己的收获,比如会发现很多的问题。创业者会找到他最近工作当中有哪些失误,原因是什么,并使这些问题得到及时解决,通过沟通,还可以使员工从长远和发展的视角看问题,帮助员工提升工作能力,进而对团队产生更加积极的影响。

(6)制定一套激励人心的团队制度。

一个伟大的团队要想把事情做大,将事业推向无穷高的高度,就必须在激励方面,形成一套行之有效的制度,实现激励管理上的科学化和规范化。在这方面,最怕的就是管理者大搞一言堂,实行人治的激励,而不是依靠制度。

(7)团队的奖励机制一定要尽可能公平。

虽然没有一种激励机制是绝对公平的,但至少我们要做到相对公平,也就是对每一个人都采取同一种考核标准。作为公司管理者要清楚,员工不是在真空中进行工作,他们总是在不断进行比较,他们会思考这家公司的奖励机制是否公道,是否对他有歧视。员工不是傻瓜,如果管理者觉得他们是那种容易满足或者被繁忙的工作塞满了时间、没有精力去判断你的激励制度的人,那就大错特错了。

我们可以打个比方,如果你大学毕业后,来到这家公司,提供给你一份月薪3000元的工作,你可能会感到很满意,并且工作很努力。但是,如果你在工作了一段时间之后,发现另一个和你同时毕业,与你的年龄和学历相当的人,他和你同时进入这家公司,从事的是同一种工作,月薪竟然是4000元的时候,你会有何感受呢?你一定会感到十分失望,同时不再像以前那样努力工作。1000元的薪水差别其实不是问题所在,关键在于这让你觉得不公平,从而对未来产生绝望,并认为这家公司没有前途。

管理者在设计团队的薪酬体系的时候,公平的奖励原则十分重要。要想激发员工的工作热情,公司管理者必须就员工的经验、能力、努力程度等进行公正客观的评价,绝不容许出现特权员工。激励的六大基本原则是:

(1)对于员工的奖励,管理者要认识到一个基础:它必须是每个人都有能力争取到的,而不是遥不可及,或者只有少数人可以得到的。

(2)必须进行公开的奖励。如果只有获奖者和他们的直接上司知道奖励的结果,那么奖励就失去了它的价值,并被其他同事所鄙夷,产生相反的效果。

(3)最好的奖励方式,是具有高名誉价值和低金钱价值的"礼物"。

比如在IBM公司,最好的、最有力的、最成功的奖励方案之一是销售人员的月奖励——获奖者被授予一个证书和一个展示在他们写字台上的价值2美元的橡皮鸭模型。另一个成功的方案则是,获奖者得到的奖励是一次与CEO共进午餐的机会,在吃饭时CEO将请获奖者谈谈他们的工作。相信我,这比给他多少钱都来得重要和让他满意。

(4)现金奖励只是一种阶段性有效的激励方式。

可以这样认为,如果一名员工得到了现金红利的奖励,他们可能会更加过分地依赖于金钱,并且不可避免地进行提前消费,而且只会把它当作综合工资的一部分,但是管理者想要的作用,可能一点都没有起到。

（5）任何一种奖励方案可能是短期的，也可能是长期的，要与工作周期相联系，并将短期和长期目标结合起来。正如工作目标一样，如果在激励之前，管理者将奖励方案限制在三个月的范围内，将会起到非常不错的效果。

（6）作为一名团队主管，需要意识到这样一个事实：随着时间的流逝，用来激励人的方式要发生变化，并且你应该使用不同的（尽管经常类似）激励方式来激励你团队中的每一名成员，让他们保持积极的工作热情，为团队做出贡献。

【创业案例 7-2】

胖东来

在河南许昌有一家传奇的零售企业，做超市它使进军该地的世界零售巨头沃尔玛、家乐福延迟开业；做家电，它所在的城市见不到国美、苏宁的影子。在零售这个充满竞争的行业，它每到一个城市都成为垄断者。这就是胖东来商贸集团公司。

1995 年初胖东来的前身——望月楼胖子店开业，营业面积 40 多平方米，由下岗职工于东来带领三名同伴创立。二十年后，胖东来已经发展成一家集超市、百货、专卖店、便利店于一体的商业集团公司，产业涉及服饰、珠宝、医药、餐饮等，而作为胖东来的创始人于东来也拥有着超过 50 亿元的财富。

家人般的服务

胖东来是靠什么实现着对其他零售企业的超越？原因有很多，但最重要的一定是其员工对顾客的服务。

自企业创办之初，胖东来的老板于东来就告诉员工"不要把顾客当上帝，把他们当家人"。因为你可能不了解上帝的想法，但你一定了解家人的想法。而胖东来的员工也一直将这句话作为工作和服务的第一要义。

从 1999 年开始，胖东来就推出了免费存车、免费打气、免费饮水、免费电话、衣服免费熨烫、免费裁缝裤边等免费服务。这些许昌人早已习以为常。让他们感动的不仅仅是这些免费服务，更重要的是提供这些免费服务的胖东来员工表现出来的热情、主动和微笑，让享受者心安理得，没有负累感。

而在胖东来的商场中，更是为不同人群考虑周到，对带孩子的父母，孩子想睡觉了，有婴儿床直接就可以睡；孩子想上厕所了，不必和大人挤一起，有儿童卫生间；宝宝饿了，有专门的育婴室供妈妈喂奶……

胖东来在整个商超设计上都是以人为本，比如人们不喜欢在超市里排队结账，它就设置了二十几个收银台，并且每个收银台都有人结账，这样一来顾客无须排队就可以快速结账，大大地节省了顾客的时间。

上海连锁经营研究所所长顾国建，中国连锁协会会长郭戈平参观完胖东来，都说："这绝对是中国最好的店。"

给员工留生活，给同行留活路

为什么胖东来的员工可以做到这些，而其他零售企业则没有呢？

在胖东来，有着相较于别的零售企业高得多的工资。胖东来店长年薪超过 100 万元；副总、总监级别在 50 万～80 万元；处长（生鲜处、百货处、采购处等）在 30 万～50 万元；课长，管 5～20 个人也是达到了 10 万～30 万元，远远高于当地的行业工资。凭借此点，截至 2017 年胖东来拥有 8000 多名员工，仍保持了 1% 的超低流失率。这恰恰符合经营大师杰克·韦尔奇的理念——工资最高的时候成本最低。

除了物质上的激励外，更有着管理者的温情。

从 2011 年 10 月开始，胖东来所有店面每月闭店休息两天，2012 年春节所有门店闭店放假 5 天，再一次打破了中国零售业"白天永不歇业""节日即黄金时间"的规则。

在于东来看来，目的主要有两个，一个就是能让员工有生活，人活着赚钱不是唯一需求，没有生活赚再多钱也是可怜之人啊！另外一点也是让同行有活路，钱不可能都叫你自己赚嘛，你分出去一些，人家也不会有怨言，路也更宽嘛。

而在服务行业中，难免遇到刁难和委屈。有时候，更是有员工因为情绪疏导不到位，最后做出了过激行为。

所以，从 2018 年 6 月起，胖东来就设置了员工委屈奖，凡是在正常工作中受到顾客、供货商辱骂、侮辱的员工,一经核实属实,就可以拿到至少 5000 元委屈奖励,员工受的委屈企业来买单。

胖东来的成功不是不可复制,但是行业中却很少有企业家敢于去尝试,所以胖东来成了传奇。

(资料来源:根据 163 网站资料《传奇胖东来》整理
网址:https://www.163.com/dy/article/DPR09JER0516SDK1.html)

四、新企业的客户关系发展和产品迭代

企业的营销策略要满足当下消费者最真实和理性的消费需求,并针对其需求定价和销售。但是,还是有很多创业者创业失败的最大原因在于未能准确把握客户的真实需求,只凭主观判断或片面的市场调研数据进行决策。了解客户的真实需求是决定一家新创企业生死攸关的关键因素,创业者有必要对客户进行系统性管理,并判断客户的真实需求。

【创业案例 7-3】

洗车创业公司

2014 年,上门洗车开始爆发。大量创业公司一窝蜂地涌入这个看似门槛比较低的领域,兴奋地准备颠覆传统洗车市场。然而,不过一年多光景,赶集易洗、e 洗车、功夫洗车等上门洗车平台相继关闭上门业务,宣布倒闭或者走上转型之路。

许多创业者曾以为,从上门洗车、保养等业务切入汽车后市场,甚至可以逐渐延伸到汽车消费、保险和二手车交易等业务,而这将是一个千万级的市场,但是在幻想破灭之后,很多人才意识到,这个领域同样也存在"伪需求"的问题。

在上门洗车的实际服务场景中，它的服务由于场地、技术所限，很难标准化，清洗时水压低，导致洁净效果不佳；上门服务的网点较少，工作人员交通工具偏低速，很难及时抵达需求位置；从整个行业来讲，车主对上门服务的体验感并不佳，这是导致用户不进行二次转化及用户流失的重要原因。而且洗车这件事情，没有上门服务时，很多人在夏天也不是很频繁洗车，为什么？天气变化太快，下雨了怎么办，偶然发现一洗车就下雨。一个十多元的单价产品，再加上用户消费周期是大概1个月一次，这样的项目是很难活下去的。大部分上门洗车O2O公司在相当长时间内仅有洗车服务，而这又是烧钱却又无法盈利的业务。对于汽车后市场来说，不能建立起刚需补贴和次需求收入的良性模式，是没办法支撑自己走远的。

（资料来源：根据今日头条网站资料整理

https://www.toutiao.com/article/6320004060065825282/）

（一）客户调查

创业者在企业创办前一定会进行客户调研，从而对商业模式、客户需求进行决策，但往往实际情况和创业者的设想存在差距。在进行客户调查时，创业者可能根据个人的经验和想象对客户进行分析，这就不够客观，且没有数据支持。另外，若客户调研信息来源不全面，创业者就容易犯以偏概全的错误。例如，大学生创业进行客户调研时，所填写的问卷信息大部分来自大学生，虽然创业者身边的人群大多数为大学生，但实际上大学生的比例只能占总数的一部分。这类市场调研结果只适用于了解大学生的真实需求，而不是所有客户的真实需求。了解客户需求的第一步是调查客户的现状，实时记录准确、全面的客户相关信息（包括基本资料、特征、业务状况、资产状况等信息），进而分析客户需求，把握市场动态。

（二）客户分析

创业者需要了解客户对产品的反馈，从而知道该从哪方面提升以满足客户需求。首先,企业需对客户满意度进行调查,记录客户对产品或服务的感受,且通过不定期回访的方式长期跟踪客户。其次,当企业的产品或服务确实损害了客户的利益时,需要帮助客户解决问题。创业者应该建立客户投诉制度,给客户一个反馈投诉的渠道,也给公司一个了解自身不足的途径。另外,创业者不仅需要关注已成交客户的状况,也需要关注流失客户的状况,寻找客户流失的主要原因。是价格太高、服务不好、实用性不强,还是创意不够? 由此,改进产品减少客户流失。因此,建立一个完善的客户反馈体系有助于企业进行产品或服务的升级。当获取客户真实需求后,创业者也可以对客户进行分类管理、针对不同类型客户群体的需求特性,采取不同的管理和营销方案。针对客户真实需求的分析,不仅有助于新创企业的生存,也能为企业的长远发展奠定基础。

(三)产品迭代

在创业者对客户信息和反馈进行有效的统计之后,就要挖掘客户的真实需求,促使产品迭代。创业者需根据公司初期的客户信息和反馈情况,包括客户的个人信息以及客户对产品定价、质量、功能的评价,分析得出客户的真实需求,从而加快产品迭代,使企业的产品或服务更符合实际情况,满足客户需求。

一般来说,创业者可根据客户的购买意愿和购买力对客户真实需求进行评估。购买意愿即客户对某种产品的需求程度,创业者需分析所生产的商品或提供的服务是否为客户的生活必需品,市场上是否存在替代品? 是单次消费还是多次消费? 对客户购买力的评估即客户的经济状况以及愿意为产品花费的金额。客户对于产品价格是否敏感? 产品的支出占生活总支出的百分比是多少? 产品所面向的客户群体的经济条件如何? 总之,基于客户的真实需求,创业者才能选择产品或服务的提升方向,明确市场定位和定价,制定有效的产品迭代策略。

巩固复习

第七章

课后思考题

一、简答题

1.请简单描述外国人在华创办企业的一般流程,包括从创业想法的萌芽到注册成立企业的具体步骤。

2.请简单分析外国人在华创办企业时可能面临的法律问题,例如签证、知识产权、劳工法规等,以及应对这些法律问题的建议。

二、案例分析

安明是一名来自约旦的外国人,他在中国留学期间决定创办一家跨境电商公司,致力于将中国的特色产品推广到国际市场。他的团队成员包括来自也门和叙利亚、突尼斯等的国际学生,每个人在电商行业有着不同的经验和特长。在创业过程中,他们面临着资金管理方面的挑战,包括资金来源、资金运用、风险管理等方面的问题。

问题:请论述外国人在华创办企业的资金管理策略,以及如何应对可能出现的资金瓶颈和困难。

第八章 "人工智能＋"与创新创业

▶ 学习目标

1.认识人工智能技术对创新创业的影响、价值及其在商业领域的潜在应用。

2.了解不同行业中人工智能技术的应用案例,帮助创业公司提升竞争力和创新能力。

3.分析案例中人工智能技术的具体作用,理解人工智能如何改变传统商业模式。

4.探讨人工智能对创新创业模式的挑战与机遇,为未来的创业实践做好准备。

案例导入

2022年11月以来,由美国OpenAI实验室推出的聊天机器人模型ChatGPT席卷全网并快速迭代,凭借其自然的语言输出、跨模态的内容生成、快速的反应能力和丰富的适应场景,打响了人工智能领域的新竞赛,也深刻影响着医疗、科技、教育、商贸等诸多人类文明最典型的生活场景。

在医疗行业中,AI技术可以帮助医生更准确地诊断疾病并预测病情,同时也可以提高药物研发的效率和成功率。在金融领域,AI技术可以帮助银行和保险公司更好地管理风险,提高客户服务质量。在教育领域,AI技术可以帮助学生更好地学习,提高教育效率。此外,AI技术在智能家居技术、机器人技术等领域也都有着广阔的应用前景。

就商业而言,生成式 AI 在企业研发、生产、供应、营销、客服等领域具有商业价值。

1.研发

以 CALA 时装设计平台为例,如设计一款帽子,生成式 AI 能够为设计人员提供快速的创作支持,显著降低了新设计师的门槛。

2.生产

以谷歌 RT-1 为例,生成式 AI 机器人有多重任务的高效学习和处理能力。此外通过工业质检领域的应用案例,利用生成缺陷图片进行模型训练,能够解决传统模型难以获取多样性数据的问题,提高了缺陷检测的精准度。

3.供应

以物美超市为例,多维度数据分析与传统模式相比,提高了预测的精准度,显著降低了商品缺货率和库存周转天数,大幅优化了供应链管理。

4.营销

以电商平台 Zalando 为例,客户可以将服装颜色或姿态转移到不同的模特身上,实现了快速制作营销图片和内容的效率,减少了重复劳动。

此外,虚拟主播的应用,提供了 24 小时不间断的货品推荐和在线服务,也不存在人设崩塌风险。

(资料来源:根据知乎网站资源整理,网址:https://zhuanlan.zhihu.com/p/675238115)

第一节　人工智能在创新创业中的应用

人工智能(Artificial Intelligence,AI)作为一种模拟人类智能的技术,已经在各个领域展现出了惊人的应用潜力。在创新创业领域,人工智能的应用不仅可以帮助创业者发现商机,优化业务流程,还可以提升产品和服务的智能化水平,从而赋予创业者更多的竞争优势和创新动力。

一、人工智能在创新创业领域的基本概念和原理

人工智能是一种模拟人类智能的技术,其核心在于模拟人类的认知能力和决策过程,通过算法和数据处理实现智能化的功能。

(一)基本概念

在创新创业领域中,人工智能可以通过机器学习、深度学习、自然语言处理等技术,帮助创业者分析市场趋势、预测用户需求,从而指导创业方向和进行决策。

1. 机器学习

机器学习是人工智能的一个重要分支,通过计算机系统从数据中学习并逐步优化算法,使其能够做出预测、识别模式和进行决策。在创新创业领域,机器学习可以帮助创业者分析数据、预测趋势、优化流程,提高决策效率。

2. 深度学习

深度学习是机器学习的一种方法,通过多层神经网络模拟人类大脑的工作原理,实现对复杂数据的学习和分析。在创新创业领域,深度学习可以应用于图像识别、自然语言处理、推荐系统等领域,帮助创业者提升产品和服务的智能化水平。

3. 自然语言处理

自然语言处理是人工智能的一个重要研究领域,旨在让计算机系统能够理解、分析和生成自然语言。在创新创业领域,自然语言处理可以用于智能客服、智能搜索、智能推荐等场景,提升用户体验和服务质量。

(二)基本原理

1. 数据驱动

人工智能技术的核心是数据,通过大量数据的输入和分析,让计算机系统学习并生成模型,从而做出智能决策。创新创业者可以利用数据驱动的原理,

优化产品设计、市场营销和用户体验,实现商业目标。

2. 模型训练

在人工智能领域,模型训练是指通过给定的数据集中对机器学习模型进行学习和优化的过程。创新创业者可以通过模型训练,提高系统的预测准确性、优化算法效率,从而提升产品竞争力。

3. 智能决策

基于机器学习和深度学习技术,人工智能系统可以做出智能决策,帮助创业者优化资源配置、提升服务质量、开发新产品。智能决策原理是人工智能在创新创业领域取得成功的关键之一。

二、人工智能可以帮助创业者发现商机、优化业务流程

通过人工智能技术,创业者可以更加高效地进行市场调研和竞争分析,发现潜在的商业机会。同时,人工智能还可以帮助企业优化生产流程、提高运营效率,降低成本,从而提升整体竞争力。

(一)数据分析和预测

人工智能可以帮助创业者分析大量的数据,发现潜在的商机和市场趋势。通过机器学习算法,人工智能可以预测用户行为、产品需求、市场变化等,为创业者提供重要的决策支持。

(二)个性化推荐和营销

基于用户数据和行为模式,人工智能可以实现个性化推荐和营销策略。创业者可以利用智能推荐系统帮助用户发现更多产品或服务,提升用户体验和购买转化率。

(三)智能客服和沟通

利用自然语言处理和语音识别技术,人工智能可以实现智能客服系统,帮

助创业者提升客户服务效率和质量。智能客服可以快速响应用户问题、提供个性化建议,增强客户满意度。

(四)自动化流程和效率提升

人工智能可以优化业务流程,实现自动化和智能化。例如,通过自动化数据处理、智能调度系统等,创业者可以提高生产效率、降低成本,增强企业竞争力。

【创业案例 8-1】

一家名为"智能客服小助手"的创业公司利用人工智能技术开发了一款智能客服机器人产品,为企业提供 24×7 全天候的客户服务支持。这款机器人能够通过自然语言处理技术理解客户问题,并给出准确的答复,极大地提升了客户满意度和服务效率。通过人工智能技术,该创业公司成功打入了客服解决方案市场,赢得了众多客户的青睐。还有一家创业公司利用机器学习算法开发了一套个性化推荐系统,帮助用户发现更符合其兴趣和需求的产品和服务。该平台通过分析用户的行为数据和偏好,实现了精准的个性化推荐,提升了用户体验和购买转化率。基于人工智能技术的个性化推荐系统成了该创业公司的核心竞争力,吸引了大量用户和合作伙伴。

(五)风险管理和决策支持

人工智能可以帮助创业者识别和管理风险,通过数据分析和模型预测,提供决策支持。创业者可以基于人工智能技术做出更准确、更有效的战略决策,降低经营风险。

阅读材料

智能时代，AI＋创业的 20 个方向

AI 技术的快速发展已经在潜移默化地改变我们的生活，未来 AI 的应用场景将更加广泛。对于创业者来说，AI 是一个巨大的机遇。只要你足够敏锐，抓住机遇，就有可能创造出下一个 AI 巨头。

1. AI＋内容

应用场景：AI 生成新闻、小说、笔记等文字内容的制作。

创投机会：文字内容的制作是互联网市场中非常重要的一个市场，因此 AI＋内容的应用有很大的发展潜力，创投机会也很广阔。

2. AI＋销售

应用场景：AI 可以帮助设计合适的销售流程和话术，从而降低销售成本。

创投机会：使用 AI 还能规避销售部门和其他部门之间的内耗，因此在未来，AI＋销售的应用也有很大的发展潜力，创投机会也很广阔。

3. AI＋融资思路

应用场景：使用 AI 来创业，AI 可以提供具体的创业方案，如何创业、如何用 100 美元创业、如何做大等。

创投机会：AI＋融资思路的应用在未来也有很大的发展潜力，因为 AI 可以帮助创业者提供非常具体的创业方案，有很多创投机会。

4. AI＋图片

应用场景：许多行业都需要大量的图片，如电商、医美等，通过使用 AI，可以大幅降低图片制作的成本。

创投机会：AI＋图片的应用也有很大的发展潜力，因为许多行业都需要大量的图片，AI 可以提供高质量的图片，降低制作成本，创投机会也很广阔。

5. AI＋语音

AI 在语音识别方面的应用已经非常成熟，而且正在不断地创新。在智能音箱的应用中，语音识别 AI 能够执行简单的任务，如定闹钟、播报天气、点播歌

曲等。而在电话客服、语音输入等领域,AI 的应用也越来越广泛。未来,随着 AI 算法的不断更新,AI＋语音的应用场景将更加丰富。

创投机会:AI 音箱、AI 客服、AI 语音输入等。

6. AI＋医疗

AI 在医疗行业的应用场景非常广泛,包括医学影像分析、辅助诊断、健康管理等。在医学影像分析方面,AI 技术已经可以自动识别 CT 和 MRI 影像中的病灶,提高了医生的诊断效率和准确率。在辅助诊断方面,AI 技术可以通过分析大量的病例数据,为医生提供参考意见。在健康管理方面,AI 技术可以通过分析个人的生理数据,提供个性化的健康建议,帮助人们更好地管理自己的健康。

创投机会:AI 医疗影像分析、AI 辅助诊断、AI 健康管理等。

7. AI＋金融

在金融领域,AI 一直都是一个热门的应用方向。AI 技术可以通过分析大量的金融数据,提供风险预测、投资建议等服务。此外,AI 还可以通过自然语言处理技术和机器学习技术,为金融机构提供智能客服和智能投资顾问服务。在未来,随着区块链技术的发展,AI＋金融的应用场景将更加广泛。

创投机会:AI 风险管理、AI 智能客服、AI 智能投顾等。

8. AI＋教育

AI 在教育行业的应用场景非常广泛,可以提供智能辅导、学习管理、智能评估等服务。在智能辅导方面,AI 技术可以根据学生的学习情况为学生提供个性化的学习计划和指导。在学习管理方面,AI 技术可以帮助学生管理课程、作业和考试等,提高学生的学习效率。在智能评估方面,AI 技术可以为老师提供学习评估和反馈机制,帮助老师更好地了解学生的学习状况。

创投机会:AI 智能辅导、AI 学习管理、AI 智能评估等。

9. AI＋能源

AI 在能源领域的应用场景也非常广泛,可以提供能源管理、能源预测、智能配电等服务。在能源管理方面,AI 技术可以帮助企业和个人管理能源消费和节能,降低能源成本。在能源预测方面,AI 技术可以通过分析大量的能源数据,预测未来的能源需求和价格,提供投资建议和决策支持。在智能配电方面,AI技术可以帮助电网管理者实现智能化配电和智能化调度。

创投机会:AI能源管理、AI能源预测、AI智能配电等。

10. AI＋物流

AI在物流行业的应用场景也非常广泛,可以提供智能路线规划、智能调度、智能配送等服务。在智能路线规划方面,AI技术可以帮助物流企业规划最优路线,减少运输成本和时间。在智能调度方面,AI技术可以帮助物流企业实现智能化调度,提高调度效率和准确率。在智能配送方面,AI技术可以帮助物流企业实现智能化配送,提高配送效率和准确率。

创投机会:AI智能路线规划、AI智能调度、AI智能配送等。

11. AI＋体育

AI在体育领域的应用场景也非常广泛,可以提供运动员训练、比赛分析、运动装备等服务。在运动员训练方面,AI技术可以通过分析运动员的运动数据,提供个性化的训练计划和指导。在比赛分析方面,AI技术可以通过分析比赛数据,提供对战策略和比赛预测。在运动装备方面,AI技术可以帮助运动装备厂商设计更加符合人体工程学的产品,提高用户的舒适度和使用体验。

创投机会:AI运动员训练、AI比赛分析、AI运动装备等。

12. AI＋旅游

AI可以为旅游者提供智能路线规划、智能推荐、智能导游等服务。在智能路线规划方面,AI技术可以帮助旅游者规划最优路线,提高旅游的效率和舒适度。在智能推荐方面,AI技术可以根据旅游者的兴趣和偏好,提供个性化的旅游推荐。在智能导游方面,AI技术可以帮助旅游者更好地了解当地的文化和历史。

创投机会:AI智能路线规划、AI智能推荐、AI智能导游等。

13. AI＋农业

AI在农业领域的应用场景也非常广泛,可以提供农作物种植、环境监测、智能化施肥等服务。在农作物种植方面,AI技术可以通过分析土壤和气象数据,提供最佳的种植方案。在环境监测方面,AI技术可以帮助农民实时监测气象和水质等环境因素。在智能化施肥方面，AI 技术可以根据农作物的需求和土壤状况，提供精准的施肥方案。

创投机会：AI 农作物种植、AI 环境监测、AI 智能化施肥等。

14. AI＋电商

AI 在电商行业的应用场景也非常广泛，可以提供个性化推荐、智能客服、智能营销等服务。在个性化推荐方面，AI 技术可以根据用户的购买历史和偏好，提供个性化的商品推荐。在智能客服方面，AI 技术可以帮助电商企业实现智能化客服，提高客户服务质量和效率。在智能营销方面，AI 技术可以通过分析大量的用户数据，提供营销策略和决策支持。

创投机会：AI 个性化推荐、AI 智能客服、AI 智能营销等。

15. AI＋安防

AI 在安防行业的应用场景也非常广泛，可以提供人脸识别、行为分析、智能监控等服务。在人脸识别方面，AI 技术可以帮助安防企业实现智能化门禁和人员管理。在行为分析方面，AI 技术可以通过分析视频数据，提供异常行为监测和预警。在智能监控方面，AI 技术可以帮助安防企业实现智能化监控和巡逻，提高监控效率和准确率。

创投机会：AI 人脸识别、AI 行为分析、AI 智能监控等。

16. AI＋游戏

AI 在游戏行业的应用场景也非常广泛，可以提供游戏智能化、游戏开发、游戏测试等服务。在游戏智能化方面，AI 技术可以帮助游戏企业实现智能化匹配和智能化推荐。在游戏开发方面，AI 技术可以帮助游戏开发人员实现自动化开发和自动生成游戏关卡。在游戏测试方面，AI 技术可以通过自动化测试和人工智能测试，提高游戏测试效率和质量。

创投机会：AI 游戏智能化、AI 游戏开发、AI 游戏测试等。

17. AI＋交通

AI 在交通领域的应用场景也非常广泛，可以提供智能路况预测、智能交通规划、智能驾驶等服务。在智能路况预测方面，AI 技术可以通过分析大量的交通数据，提供实时的路况预测和交通状况分析。在智能交通规划方面，AI 技术可以根据交通数据和用户需求,提供最优的交通规划方案。在智能驾驶方面,AI技术可以帮助汽车实现自动驾驶,提高行车安全和驾驶体验。

创投机会:AI智能路况预测、AI智能交通规划、AI智能驾驶等。

18. AI＋制造

AI在制造行业的应用场景也非常广泛,可以提供智能制造、智能检测、智能维护等服务。在智能制造方面,AI技术可以通过自动化生产线和智能机器人等技术,提高制造效率和质量。在智能检测方面,AI技术可以通过分析大量的生产数据,提供实时的质量检测和预警服务。在智能维护方面,AI技术可以通过分析设备数据,提供预测性维护和故障预警等服务。

创投机会:AI智能制造、AI智能检测、AI智能维护等。

19. AI＋物联网

AI和物联网结合,可以提供更加智能化的服务。在智能家居领域,AI技术可以帮助家庭实现智能化的控制和管理,提高生活的便利性和舒适度。在智能城市领域,AI技术可以帮助城市实现智能化的规划和管理,提高城市的智能化水平和管理效率。在智能医疗领域,AI技术可以帮助医疗机构实现智能化的医疗服务,提高医疗服务的质量和效率。

创投机会:AI智能家居、AI智能城市、AI智能医疗等。

20. AI＋航空

AI在航空领域的应用场景也非常广泛,可以提供智能飞行管理、智能维修、智能安全等服务。在智能飞行管理方面,AI技术可以通过自动化飞行控制和智能化飞行路径规划等技术,提高飞行效率和安全性。在智能维修方面,AI技术可以通过分析飞机数据,实现预测性维护和故障预警,提高飞机维修效率和准确率。在智能安全方面,AI技术可以通过分析大量的航空数据,提供安全预警和风险评估等服务,帮助航空公司和机场管理部门做出科学决策。

创投机会:AI智能飞行管理、AI智能维修、AI智能安全等。

(资料来源:海纳百川微信公众号推文,

网址:https://mp.weixin.qq.com/s/47h8x6ULHinKkoco19_byA)

第二节 人工智能对创新创业模式的影响

人工智能的普及和应用正在深刻地颠覆和重构传统的创新创业模式。传统模式下,创业者通常依赖经验和直觉进行决策,往往面临信息不对称、市场变化快等挑战。而引入人工智能技术后,创业者可以更加科学和智能地进行决策,依托数据分析和机器学习等技术,实现更精准的市场预测和用户需求分析。

一、人工智能对传统创新创业模式的颠覆和重构

首先,人工智能技术可以帮助创业者更好地了解市场需求和趋势。通过大数据分析和智能算法,创业者可以实时监测市场动态、竞争对手的行动,从而及时调整策略和方向。AI 技术可以帮助创业者发现潜在的商机和创新点,引领他们在竞争激烈的市场中脱颖而出。

其次,人工智能技术对产品设计和研发也起到了革命性的作用。传统上,产品设计往往基于设计师的主观意愿和市场调研,而现在通过人工智能技术,可以实现更加个性化和智能化的产品设计。AI 可以分析海量用户数据,了解用户的喜好和行为模式,为产品设计提供更科学的依据。同时,人工智能还可以帮助优化产品的功能和性能,提高产品的智能化水平,满足用户不断升级的需求。

此外,人工智能技术还可以提高创业者的决策效率和精准度。在传统创业模式中,创业者往往需要花费大量时间和精力进行市场调研、竞争分析等工作,而引入人工智能后,这些工作可以通过智能算法和自动化系统来完成,大大节省了时间和成本。创业者可以更加专注于核心业务和创新,提高竞争力和创业成功率。

总的来说,人工智能技术对传统创新创业模式的颠覆和重构是一种必然趋势。创业者应该积极学习和应用人工智能技术,不断创新和突破,以适应快速

变化的市场环境,实现持续的商业增长和成功。随着人工智能技术的不断发展和普及,创新创业领域将迎来更多的机遇和挑战,创业者需要不断提升自身的技能和能力,把握时代的机遇,开创属于自己的创新之路。

阅读材料

从好莱坞到电子游戏,Sora 即将颠覆一切

作为人工智能领域最新的杀手级应用,OpenAI 推出的文生视频系统 Sora 近期引发了创意产业的短期恐慌和长期憧憬。

生成长达一分钟逼真影像的强大能力,使视觉特效、电影制作、广告营销、游戏开发等行业不得不直面人工智能带来的深层次冲击。

对视觉特效从业者而言,Sora 仿佛敲响了丧钟。曾参与《死侍 2》特效制作的格雷格·皮龙就是在观看 Sora 演示后感到前景堪忧。他直言,从业几十年积累的专业技能,恐怕很快就会被 Sora 这样的 AI 系统全面取代。

如果这款系统真如宣传的那样强大,那我们这行业的寿命或许只有两三年可活。

Sora 展示的直观震撼力让久负盛名的制片人泰勒·派瑞不得不压缩投资计划。Sora 发布仅仅一周后,他就取消了价值 8 亿美元的亚特兰大影视城扩建项目,并坦言此前的工作岗位已被人工智能生成技术大举颠覆。

业内人士认为,派瑞的判断有些操之过急,但同时也揭示了创意产业的确面临巨大转型压力。除公开表态的少数人,更多企业家和投资人都在私底下就 Sora 酝酿各种应对之策,权衡人工智能带来的风险和机遇。

在游戏行业,资深出版商本·卡瓦洛预计 Sora 很快就会影响到概念美术设计师的工作。不过与此同时,无力聘请专业美术设计师的独立游戏开发者或将借助类似技术提升视觉呈现水平,从而获取融资和发行机会。卡瓦洛甚至设想,有朝一日游戏中的 NPC 或许能基于人工智能实现自主对话和动作,让体验更加身临其境。

（资料来源:华尔街见闻微信公众号推文

网址:https://mp.weixin.qq.com/s/49UqhTDntAXbbJvFkH0JJQ）

二、人工智能改变产品设计、市场营销和客户服务

在产品设计方面,人工智能技术不仅可以帮助创业者更好地理解用户需求,进行个性化定制,还可以推动创新设计的实现。通过深度学习和生成对抗网络(GAN)等技术,人工智能可以帮助设计师生成全新的产品设计概念,挖掘潜在的创新点,带来更具前瞻性和想象力的产品设计。同时,人工智能还可以协助设计师进行设计优化和自动化生成,提高设计效率和质量,缩短产品上市周期。

在市场营销方面,人工智能技术的应用使得精准营销更加普及和高效。通过机器学习算法和数据挖掘技术,人工智能可以分析海量的用户数据,识别用户行为模式和偏好,为创业者提供更精准的目标用户群体。基于这些数据,创业者可以制定个性化的营销策略,将广告和推广信息精准地传递给目标用户,提高营销效果和转化率。同时,人工智能还可以帮助创业者实时监测营销活动的效果,及时调整策略,实现持续优化。

在客户服务方面,人工智能的智能客服系统为创业者提供了全天候在线服务的可能性。基于自然语言处理和机器学习技术,智能客服系统可以理解用户提出的问题并给予准确的回答,实现快速、个性化的解决方案。通过智能对话机器人和虚拟助手,创业者可以提供更加便捷和高效的客户服务体验,满足用户的实时沟通需求,提升客户满意度和忠诚度。此外,人工智能还可以通过数据分析和预测技术,帮助创业者预测客户需求和行为,提前调整服务策略,实现更加个性化和优质的客户服务。

三、利用人工智能技术创造全新的商业模式

创业者可以利用人工智能技术创造全新的商业模式,开拓更广阔的商业领域。首先,创业者可以通过人工智能技术实现智能化的生产和供应链管理,提高生产效率和降低成本。例如,结合人工智能和大数据分析,实现智能预测和调度,优化生产计划和库存管理,实现生产流程的智能化和自动化。

其次,创业者可以利用人工智能技术构建智能化的销售和营销模式,提升销售效率和市场竞争力。通过机器学习算法和智能推荐系统,创业者可以实现个性化的产品推荐和定价策略,提高销售转化率和客户满意度。同时,人工智能还可以帮助创业者实现智能化的客户关系管理,建立更加紧密的客户联系和忠诚度。

此外,创业者还可以利用人工智能技术开发智能化的金融服务和支付模式,拓展金融科技领域的商业机会。通过人工智能技术的风险评估和信用分析,创业者可以提供更加智能化和个性化的金融服务,满足用户的金融需求。同时,结合人工智能和区块链技术,创业者可以打造安全、高效的支付和结算系统,推动金融领域的创新和发展。

视野拓展

李彦宏谈人工智能

同时,创业者还可以利用人工智能技术打破传统行业壁垒,开拓新的市场空间。例如,结合人工智能和虚拟现实技术,创造全新的虚拟购物体验,拓展线上线下融合的商业模式。另外,创业者还可以利用人工智能技术探索共享经济和平台化商业模式,打造开放、共享的商业生态系统,促进资源共享和协同创新。通过不断探索和创新,创业者可以利用人工智能技术实现商业模式的巨大变革和创新,实现商业的持续增长和发展。

【创业案例8-2】

中国 AI 教父,卖课卖了一个亿?

美国的 AI 教父,Open AI 创始人山姆·奥特曼,很多人都认识。而中国 AI 教父,是一个戴着眼镜的中年男人,很多人还不了解。李一舟,清华博士,前两年他在抖音上做的一舟一课,是当时的爆款课,一年卖了几千万元。自从 ChatGPT 出现之后,他卖人工智能课,又是大爆款,199 元的课光在抖音上就有 25 万元成交量,单一课程就有近 5000 万元成交额。

这还只是抖音上的统计数据,还有视频号、小红书的销量没统计进来。

除 199 元的课程外,李一舟还有 1980 元的进阶课,你用他的软件,还要从他那买 Token(算力),后续充值这些都无法统计。

很可能,全中国所有做 AI 的公司,加在一起赚的利润都没他一个人多。

很多人也试过李一舟的课程,认为课程水,有人说他是割韭菜。

首先,李一舟的直播水平被低估了,他是市面上最厉害的那一档。

他的销售话术分为四步:

首先,讲自己是谁?(我为什么有资格卖?)"我是清华博士,当年开过人工智能公司。"

然后,说产品卖点(买了有什么用?):"提升工作效率,帮助作图,帮助写短视频文案,做个人 IP,学英语,教小孩等等。"

随后,塑造这个课的价值(买到有多赚?):"我这个 199 能顶市面上几千的,你整我一个 199 就行了啊,买了一个,全家都可以学。"

最后,制造下单冲动(过了这个村,就没这个店),"还有最后 10 个名额"。

他一小时直播,差不多每 10 分钟就会循环一遍这个话术,就这样循环四个小时,下播。

你一定很好奇,他一直在说,最后几个名额最后几个名额,为啥不露馅呢?

因为他的流量主要是买来的,所以直播间都是新人,没有人会在他的直播间停留 5 分钟以上。不感兴趣的,划走了,买了的,也不会继续看下去。所以他这套话术能永远循环下去。

(资料来源:根据小声比比微信公众号文章《中国 AI 教父,卖课卖了一个亿?》整理
网址:https://mp.weixin.qq.com/s/H-r0-SQwvrUOsBmCPgJNVA)

第三节 人工智能带来的机遇与挑战

在当今数字化时代,人工智能技术的迅猛发展给创新创业领域带来了前所未有的挑战与机遇。随着人工智能技术在各个领域的广泛应用,创业者面临着如何利用人工智能创新业务模式、提升产品服务的个性化和用户体验等挑战。同时,人工智能技术也为创业者带来了更多的创新工具和资源,拓展了商业机会,推动了创新创业生态系统的不断升级和转型。在这个充满挑战与机遇的时代,创业者需要保持开放的心态,不断学习和创新,以应对变化,抓住机遇,实现创业的成功。

一、人工智能发展对创新创业生态系统的影响

微课堂

人工智能的机会
在哪里

首先,人工智能技术的普及和应用为创业者提供了更多创新工具和资源,帮助他们实现商业模式的创新和优化。例如,利用机器学习算法进行市场分析、智能推荐等,可以提升产品服务的个性化和用户体验,拓展市场份额。

其次,人工智能技术的快速发展为创业者打开了全新的市场空间,创造了更多商业机会。例如,结合人工智能技术和大数据分析,创造智能医疗、智能物流等新兴领域的创业机会。

此外,人工智能技术的应用也促进了创新创业生态系统的升级和转型,推动了传统行业的数字化转型和创新发展,促进了创新创业的跨界融合和合作共赢。

综上所述,人工智能的发展为创新创业生态系统带来了更多机遇和挑战,创业者需要不断学习和创新,抓住机遇,应对挑战,实现商业的持续增长和发展。

二、人工智能给创新创业带来的机遇

人工智能为创新创业带来了许多机遇,包括但不限于以下几个方面:

(一)智能产品和服务创新

人工智能技术可以帮助创新创业公司开发智能化产品和服务,如智能助手、智能家居、智能医疗等,满足消费者个性化需求,提升用户体验。

(二)数据驱动商业模式

人工智能技术可以帮助创新创业公司进行数据分析和预测,优化商业运营、市场营销和客户服务,实现更精准的决策和商业模式创新。

(三)自动化和智能化生产

人工智能技术可以应用于生产流程中,实现自动化和智能化生产,提高生产效率、降低成本,为创新创业公司提供更大的竞争优势。

(四)个性化定制和服务

人工智能技术可以帮助创新创业公司实现个性化定制和服务,根据用户需求和偏好提供定制化产品和服务,增强用户黏性和忠诚度。

(五)新兴产业和领域探索

人工智能技术的不断进步和应用拓展,为创新创业提供了探索新兴产业和领域的机会,如智能汽车、智能城市、智能医疗等领域的创新创业机会。

三、人工智能在创新创业中可能面临的道德、法律和社会挑战

人工智能在创新创业中可能面临的道德、法律和社会等方面的挑战包括:

（一）道德挑战

人工智能技术的发展可能引发道德困境,例如,在人工智能决策中的偏见和歧视问题,导致不公平的结果。创业者需要确保人工智能系统的设计和应用符合道德标准,避免对个人权利和隐私造成侵犯。

（二）法律挑战

人工智能技术的应用可能与现有法律法规存在冲突,如数据隐私保护、知识产权保护等问题。创业者需要遵守相关法律法规,确保人工智能技术的合法合规应用,避免法律风险。

（三）社会挑战

人工智能技术的广泛应用可能引发社会关注和担忧,如自动化对就业市场的影响、人机关系的变化等。创业者需要考虑人工智能技术对社会的影响,积极参与社会对话,推动人工智能的可持续发展。

（四）数据隐私与安全挑战

人工智能技术需要大量数据支持,而数据的收集、存储和处理可能涉及隐私泄露和数据安全问题。创业者需要加强数据隐私保护措施,确保用户数据安全,避免数据泄露风险。

（五）透明度与可解释性挑战

人工智能技术的黑盒化特点使得其决策过程难以解释和理解,缺乏透明度,可能引发信任危机。创业者需要提高人工智能系统的可解释性,确保决策过程透明可信,增强用户信任感。

综上所述,创业者在利用人工智能技术进行创新创业时需要面对诸多道德、法律和社会挑战,需要不断思考和改进,确保人工智能技术的应用符合伦理标准、法律规定,促进社会的可持续发展。

阅读材料

人工智能的伦理挑战

随着科技的飞速发展,人工智能(AI)已经从科幻小说中的概念转变为现实世界中的实用工具。从智能手机中的语音助手到自动驾驶汽车,再到复杂的医疗诊断系统,人工智能逐渐渗透到我们生活的方方面面。然而,随着其应用的广泛,人工智能也带来了一系列伦理挑战,这些问题不仅关系到技术的未来发展,更关系到社会的和谐与进步:

1. 隐私保护

在数字化时代,数据成了新的"石油"。人工智能系统需要大量的数据来训练和优化,这导致了个人隐私的泄露风险。数据收集、处理和存储的安全性问题日益凸显,如何在保护用户隐私的同时利用数据,成了一个亟待解决的问题。

2. 算法偏见

人工智能的决策过程往往依赖于算法,而这些算法可能因为训练数据的偏见而产生歧视性的结果。算法偏见不仅影响公平性,还可能导致不公正的社会现象,如信贷审批、招聘过程中的歧视等。

3. 自动化失业

巩固复习

人工智能的进步可能导致某些工作岗位的消失,从而引发自动化失业问题。这不仅关系到个体的生计,也可能导致社会结构的变化,引发经济和社会的不稳定。

第八章

课后思考题

一、问答题

1. 请列举电商行业中应用人工智能的创新创业案例,并分析其成功之处以及对行业的影响。

2. 请分析人工智能在创新创业中可能面临的道德挑战,例如,数据隐私保护、算法歧视等问题,并提出应对策略和建议。

二、案例分析题

一家创新创业公司开发了一款名为"智能学霸"的智能人产品,旨在提供个性化、智能化的在线教育服务。该产品结合了人工智能技术和教育专家的指导,帮助学生提高学习效率和成绩。

任务:请根据以上背景,回答以下问题:

1.分析"智能学霸"这款智能人产品在在线教育领域的优势和创新之处,以及它如何利用人工智能技术提供个性化教育服务。

2.探讨智能人在在线教育中的应用案例,例如,智能辅导、个性化学习路径推荐等功能,讨论这些功能如何提升学生的学习体验和成绩。

3.讨论智能人在教育领域可能面临的挑战,例如,数据隐私保护、算法偏见等问题,以及创新创业公司应如何解决这些问题。

4.设想未来在线教育市场的发展趋势,探讨人工智能技术如何改变教育方式,以及智能人产品可能带来的商业机会和竞争挑战。

浙江省外国人来华工作许可服务指南

浙江省外国专家局

一、适用范围

本指南适用于中华人民共和国境内依法设立的用人单位聘用外国人来华工作许可的申请和办理,审批对象为聘用外国人的用人单位和外国人。

二、事项名称与编码

外国人来华工作许可是国务院批准的行政许可,项目编码:00120-0000。

三、事项审查类型

前审后批。

四、审批依据

(一)《中华人民共和国行政许可法》。

(二)《中华人民共和国出境入境管理法》第四十一条规定:外国人在中国境内工作,应当按照规定取得工作许可和工作类居留证件。任何单位和个人不得聘用未取得工作许可和工作类居留证件的外国人。

（三）《中华人民共和国外国人入境出境管理条例》第七条规定：申请 R 字签证，应当符合中国政府有关主管部门确定的外国高层次人才和急需紧缺专门人才的引进条件和要求，并按照规定提交相应的证明材料。申请 Z 字签证，应当按照规定提交工作许可等证明材料。

第十六条规定：工作类居留证件，应当提交工作许可等证明材料；属于国家需要的外国高层次人才和急需紧缺专门人才的，应当按照规定提交有关证明材料。

五、受理机构

浙江省外国专家局及其授权的设区市科学技术局（外国专家局）及委托的机构。受理内容：负责受理、发证等工作。

六、决定机构

浙江省外国专家局及其授权的设区市科学技术局（外国专家局）。审批内容：外国人来浙江工作，由决定机构进行预审、审批。准予审批的，发放《外国人工作许可证》。

七、审批原则

（一）具备如下条件的，予以批准

1. 属于外国人工作管理部门职权范围的；
2. 符合来华工作外国人条件的；
3. 申请材料真实、齐全、符合要求的。

(二)有如下情形之一的,不予批准

1. 申请材料不齐全的;

2. 申请材料不符合要求的;

3. 申请材料虚假的;

4. 申请人不符合来华工作条件的;

5. 不适宜发给外国人来华工作许可的其他情况。

许可受理或决定机构可根据工作需要通过电话询问、面谈、实地调查等形式,核查申请材料的真实性。

八、申请人基本条件、分类和数量限制

(一)申请人基本条件

1. 应年满 18 周岁,身体健康,无犯罪记录,浙江省内有确定的用人单位,具有从事其工作所必需的专业技能或相适应的知识水平;

2. 所从事的工作符合我国经济社会发展需要,为国内急需紧缺的专业人员;

3. 法律法规对外国人来华工作另有规定的,从其规定。

(二)申请人分类

1. 外国高端人才(A 类)。外国高端人才是指符合"高精尖缺"和市场需求导向,中国经济社会发展需要的科学家、科技领军人才、国际企业家、专门特殊人才等,以及符合计点积分外国高端人才标准的。外国高端人才可不受年龄、学历和工作经历限制。具体见外国人来华工作分类标准(试行)。

2. 外国专业人才(B 类)。外国专业人才是指符合外国人来华工作指导目录和岗位需求,属于经济社会发展急需的人才,具有学士及以上学位和 2 年及以上相关工作经历,年龄不超过 60 周岁;对确有需要的创新创业人才、专业技能类人才以及符合外国专业人才标准计点积分、执行政府间协议或协定的,可

适当放宽年龄、学历或工作经历等限制。具体见外国人来华工作分类标准（试行）；国家对专门人员和政府项目人员有规定的，从其规定。

3.其他外国人员（C类）。其他外国人员是指满足国内劳动力市场需求，符合国家政策规定的其他外国人员。具体见外国人来华工作分类标准（试行）。

（三）数量限制

1.外国高端人才（A类）无数量限制；

2.外国专业人才（B类）根据市场需求限制；

3.其他外国人员（C类）数量限制按国家有关规定执行。

九、用人单位及专门服务机构注册

（一）注册单位基本条件

1.依法设立，无严重违法失信记录；

2.聘用外国人从事的岗位应是有特殊需要，国内暂缺适当人选，且不违反国家有关规定的岗位；

3.支付所聘用外国人的工薪不得低于当地社会平均工资标准；

4.法律法规规定应由行业主管部门前置审批，需经过批准。

（二）在线注册

1.用人单位首次使用"外国人来华工作管理服务系统"，应注册账号，在线填写用人单位有关信息并提供相应的电子材料，经认证成功后方可使用该系统；

2.专门服务机构应在线注册账号，添加工作人员信息，现场提交用人单位委托书、经办人身份证明。

（三）注册材料清单

序号	提交材料清单	上传材料形式	份数	要 求	备 注
1	信息注册表	原件	1	加盖本单位公章	授权使用单位外事、人事或依法刻制的冠以法定名称的劳动合同业务专用章的,须提交公章授权书备案
*2	注册登记证明	原件	1	统一社会信用代码证书或营业执照、民办非企业单位登记证书、组织机构代码证、社会保险登记证、外国企业常驻代表机构登记证或境外非政府组织代表机构登记证书等	用人单位办公地址、经济类型等变更,应提供有关行政部门出具的批准函、营业执照、统一社会信用代码证书或组织机构代码证等法定注册登记证明
*3	负责人身份证明	原件	1	身份证	
*4	经办人身份证明	原件	1	身份证	
5	行业许可证明	原件	1	法律法规规定应由行业主管部门前置审批的,须提交行业主管部门批准文书	
*6	外国人来华工作许可申请承诺书	原件	1		须加盖单位公章和法定代表人签字章

备注:

1.用人单位注册信息变更,需提供变更材料,可加盖经授权的外事或人事部门公章。

2.法定代表人或首席代表发生变更的,应提供已变更的营业执照、民办非企业单位登记证书、组织机构代码证书、社会保险登记证或外国企业常驻代表机构登记证及代表证。

3.跨国公司、跨国公司在华地区总部(商务部门认定)、企业集团(《企业集团登记证》,包括母公司和成员公司)、中央所属企业及其二级公司、国家高新技术企业(科技部门认定)、经国家认定的企业工程研究中心(发展改革部门认定)、工程实验室(发展改革部门认定)、工程技术研究中心(科技部门认定)、企业技术中心(经信部门认定)以及地方技术创新服务平台(科技部门认定)等提交相关证明材料注册账号后,申请许可时可不再重复提交相应证明材料。

4.委托专门服务机构代办的,专门服务机构具体办理许可申请、延期、变更、注销、补办业务,须提交用人单位授权委托书,明确受委托单位及具体受委托人、委托事项,并填写受委托人身份证号及联系电话。

5.用人单位注册账号时,需阅读《外国人来华工作许可申请承诺书》,单位盖章和法定代表人签字后将该材料上传至附件。

6.标 * 为核心件

十、外国人来华工作许可申请材料

申请材料基本要求:非中文材料均须提供中文翻译件(护照或国际旅行证件除外)并加盖用人单位公章。所有纸质材料原件及中文翻译件均须保证文本清晰、完整,并以扫描件形式上传至系统。对翻译件内容与原件严重不符的,受理或决定机构可要求用人单位重新提供。

用人单位提供的申请材料分为核心件(以下用 * 表示)和非核心件,其中核心件为必须提交且需重点审查的材料,非核心件为可容缺受理材料。

(一)申请办理外国人来华工作许可(来华工作 90 日以上,不含 90 日)

1. 申请《中华人民共和国外国人工作许可通知》(简称《外国人工作许可通知》)

序号	提交材料清单	上传材料形式	份数	要　求	备　注
1	外国人来华工作许可申请表	原件/复印件	1	在线填写打印,在经申请人签字后的复印(传真)件上,加盖用人单位公章或经单位授权部门公章上传至系统	用人单位公章包括法定名称章,以及已在系统授权备案登记的外事、人事机构和劳动合同业务公章
* 2	工作资历说明	原件	1	由申请人原工作过的单位出具从事与现聘用岗位工作相关的工作经历说明,包括职位、工作时间或曾经做过的项目,需申请人原工作单位加盖公章或负责人签字,并留有证明联系人有效联系电话或电子邮箱	符合《外国人来华工作分类标准》外国高端人才(A 类)(一)、(二)的,该项采用承诺制。如申请人在专业领域知名奖项获奖,可提供相应获奖证明材料

序号	提交材料清单	上传材料形式	份数	要　求	备　注
*3	最高学位（学历）证书或相关批准文书、职业资格证书	原件	1	最高学位（学历）证书或职业资格证明在国外获得的，应经我驻外使、领馆或由申请人获得学位（学历）所在国驻华使、领馆或我国学历认证机构认证； 最高学位（学历）证书或职业资格证明在港澳特别行政区和台湾地区获得的，应经我国学历认证机构认证或经所在地区公证机构公证； 最高学位（学历）证书在中国境内获得的，提供学历（学位）证书原件； 我国法律法规规定应由行业主管部门前置审批或具备我国相应准入类职业资格的，应提供行业主管部门批准文书或职业资格证明	符合《外国人来华工作分类标准》外国高端人才（A 类）（一）、（二）、（三）、（四）的，最高学位（学历）证书采用承诺制。B 类人才的驻外使、领馆认证件可容缺受理
*4	无犯罪记录证明	原件	1	应当由申请人国籍国或经常居住地警察、安全、法院等部门出具并经我驻外使、领馆认证或外国驻华使、领馆认证； 在港澳特别行政区和台湾地区出具的无犯罪记录证明，应经所在地区公证机关公证。 无犯罪记录签发时间应在 6 个月内	A 类人才该项采用承诺制。B 类人才的驻外使、领馆认证件可容缺受理。 不接收仅为本人声明无犯罪的宣誓性无犯罪记录。 外交（含外国驻华使、领馆）出具的非宣誓性无犯罪记录可直接接收，不再认证
*5	聘用合同或任职说明（包括跨国公司派遣函）	原件/复印件	1	应提供中外文合同，应由申请人签名并加盖单位公章，不得涂改	聘用合同或任职说明（包括跨国公司派遣函）应当包括工作地点、工作内容、薪酬、来华工作时间、职位、盖章页（签字）必要内容

序号	提交材料清单	上传材料形式	份数	要　求	备　注
*6	申请人护照或国际旅行证件	原件	1	护照或国际旅行证件信息页	护照有效期不得少于6个月
*7	申请人6个月内正面免冠照片	原件	1	近期免冠电子照片,白色背景,无边框,面部特征完整,图像清晰,无斑点、瑕疵、印墨缺陷。JPG格式,大小40K～120K字节之间,不低于354(宽)×472(高)像素,不大于420(宽)×560(高)像素、24帧色彩	不建议戴帽子或头巾等饰物,如因宗教原因不得不戴,应确保其不遮挡申请人整个面部
8	体检报告	原件	1	由中国检验检疫机构出具的境外人员体格检查记录验证证明或健康检查证明书,或经中国检验检疫机构认可的境外卫生医疗机构出具的体检证明,签发时间均在6个月内	经中国检验检疫机构认可的境外卫生医疗机构名单,可至当地驻外使领馆网站查询。可入境前采用承诺制,入境后提交中国境内检验检疫机构出具的境外人员体格检查记录验证证明或健康检查证明书
9	随行家属相关证明材料	原件	1	包括随行家属护照(或国际旅行证件)信息页、家属关系证明(配偶——结婚证书,子女——子女出生证明或收养证明,父母或配偶父母——申请人出生证明或结婚证书或公证证明)、体检报告(18周岁以上家属)以及电子照片	随行家属包括配偶、未年满18周岁的子女、父母及配偶父母
10	其他材料	原件	1	包括: *1.申请材料真实性承诺书; 2.申请容缺受理承诺书; 3参加社会保险或购买商业保险承诺书等; 4.其他申请人能力说明材料	需加盖单位公章和法定代表人签字章(机关事业单位、国有企业、跨国公司、上市集团企业出具的承诺书,可只加盖公章)

备注：

1.通过计点积分达到相应标准的,应提供相应的最高学位(学历)证书、职业资格证书、汉语水平能力(中国汉语水平考试 HSK 证书)、来华工作年薪的收入以及工作资历说明等材料。

2.在涉及薪资事项申请时,应提交单位承诺书(承诺事项包括外国人的年薪、在浙年交税金额等,并加盖用人单位公章),延期和注销时决定机构可要求用人单位提供当年的完税证明。

3.经许可决定机构认定的用人单位诚信典型和连续 3 年无不良信用记录的用人单位,入境前无法提供聘用合同的,可提供任职说明,入境后申领《中华人民共和国外国人工作许可证》时提交聘用合同,必要内容须前后一致;如不一致,须重新申请许可。任职说明适用执行政府间、国际组织间协议或协定人员、各类驻华代表处首席代表及代表及境外合同服务提供者。派遣函适用情形为跨国公司总部或地区总部从境外派遣经理等高级管理人员和专业技术人员至境内子公司或分公司任职,由跨国公司总部或地区总部出具。任职说明(包括派遣函)如缺少必要内容,须另行出具证明补充说明。跨国公司在华地区总部派遣经理等高级管理人员和专业技术人员至境内子公司或分公司任职的,提交派遣函以及与跨国公司在华地区总部签订的聘用合同。

4.经常居住地指申请人离开国籍国最后连续居住 1 年以上的国家或地区,不包括在中国境内。

5.国籍变更的,应重新申请外国人来华工作许可。

6.申请材料真实性承诺书必须在"附件"栏上传。申请容缺受理承诺书、参加社保或保险承诺书等,根据实际情况上传至系统。

7.在申请《外国人工作许可通知》阶段,A 类人员申请,出具承诺书后,全程在线办理;B 类人员申请,用人单位出具相关承诺书后,允许部分材料的使领馆认证件的容缺受理,无须提供纸质材料及原件核验;C 类人员不得采用任何形式的承诺制,需提供全部纸质材料并核验原件。

2. 已获得《外国人工作许可通知》, 入境后申领《中华人民共和国外国人工作许可证》(简称《外国人工作许可证》)

序号	提交材料清单	上传材料形式	份数	要　求	备　注
*1	申请人所持签证(Z 字或 R 字)或有效居留许可	原件	1	护照(或国际旅行证件)签证页、入境签章页或有效居留许可页	护照除遗失等特殊情况外,须要与申请《外国人工作许可通知》时所持护照一致

序号	提交材料清单	上传材料形式	份数	要 求	备 注
2	聘用合同	原件	1	应提供中外文合同,包括工作地点、内容、薪酬、来华工作时间、职位、盖章页(签字)必要内容	申请《外国人工作许可通知》时未提供的应提供
*3	体检报告	原件	1	中国检验检疫机构出具的境外人员体格检查记录验证证明或健康检查证明书,签发时间在6个月内	在申请《外国人工作许可通知》时尚未提供的应提供

备注:

1. 提交《通知》阶段容缺的所有材料、缴纳社会保险或购买商业保险相关证明材料等。

2. A类高端人才在线办理,不再核验原件。可根据签订合同,给予最长期限达5年的《外国人工作许可证》。所有原件留存备查。

3. B类人员在《外国人工作许可通知》阶段容缺受理和未提交原件核验的,申领《外国人工作许可证》时应在系统补全所有材料,提交纸质材料并核验原件。

4. C类人员须提交纸质材料并核验原件。

3. 境内申请《外国人工作许可证》(来华工作90日以上,不含90日)

符合下列情形之一的,可在境内直接申请外国人来华工作许可:

(1)持其他签证或有效居留证件已入境的外国高端人才(A类);

(2)在华工作的外国人变换用人单位,但工作岗位(职业)未变动,且工作类居留许可在有效期内的(转聘);

(3)中国公民的外籍配偶或子女、在华永久居留或工作的外国人的配偶或子女,持有效签证或在有效期内的居留许可的;

(4)符合自由贸易区、全面创新改革试验区相关优惠政策的;

(5)用人单位符合享有跨国公司在华地区总部相关优惠政策的;

(6)企业集团内部人员流动的;

(7)执行政府间协议或协定的;

(8)已持工作签证依法入境的驻华机构代表人员;已获得来华工作90日以下的外国人来华工作许可,在其停留有效期内,被境内用人单位依法聘用的;

(9)其他审批机构认定符合条件的。

序号	提交材料清单	上传材料形式	份数	要　求	备　注
1	外国人来华工作许可申请表	原件	1	在线填写打印，申请人签字后，加盖用人单位公章或经单位授权部门公章上传至系统	用人单位公章包括法定名称章，以及已在系统授权备案登记的外事、人事机构和劳动合同业务公章
*2	工作资历说明	原件	1	由申请人原工作过的单位出具从事与现聘用岗位工作相关的工作经历证明，包括职位、工作时间或曾经做过的项目，需申请人原工作单位加盖公章或负责人签字，并留有证明联系人有效联系电话或电子邮箱	符合《外国人来华工作分类标准》外国高端人才（A类）（一）、（二）的，该项采用承诺制。如申请人在专业领域知名奖项获奖，可提供相应获奖证明材料
*3	最高学位（学历）证书或相关批准文书、职业资格证书	原件	1	最高学位(学历)证书或职业资格证明在国外获得的,应经我驻外使、领馆或由申请人获得学位(学历)所在国驻华使、领馆或我国学历认证机构认证；最高学位(学历)证书或职业资格证明在港澳特别行政区和台湾地区获得的,应经我学历认证机构认证或经所在地区公证机构公证；最高学位(学历)证书在中国境内获得的,仅提供学历(学位)证书原件；我国法律法规规定应由行业主管部门前置审批或具备我国相应准入类职业资格的,应提供行业主管部门批准文书或职业资格证明	符合《外国人来华工作分类标准》外国高端人才（A类）（一）、（二）、（三）、（四）的,最高学位(学历)证书采用承诺制
*4	无犯罪记录证明	原件	1	应当由申请人国籍国或经常居住地警察、安全、法院等部门出具并经我驻外使、领馆认证或外国驻华使、领馆认证；在港澳特别行政区和台湾地区出具的无犯罪记录证明,应经所在地区公证机关公证；无犯罪记录签发时间应在6个月内	外国高端人才（A类）该项采用承诺制；不接收仅为本人声明无犯罪的宣誓性无犯罪记录；外交（含外国驻华使、领馆）出具的非宣誓性无犯罪记录可直接接收,不再认证

序号	提交材料清单	上传材料形式	份数	要　求	备　注
*5	聘用合同或任职说明(包括跨国公司派遣函)	原件	1	应提供中外文合同,应由申请人签名并加盖单位公章,不得涂改	聘用合同或任职说明(包括跨国公司派遣函)应当包括工作地点、工作内容、薪酬、来华工作时间、职位、盖章页(签字)必要内容
*6	申请人护照或国际旅行证件、签证或有效期内的居留许可	原件	1	护照或国际旅行证件信息页、有效签证及入境签章页(或有效期内的居留许可页)	护照有效期不得少于6个月
*7	按照境内申请外国人来华工作许可的证明材料	原件	1	根据境内申请的要求,提供相应的证明材料	
*8	体检报告	原件	1	由中国检验检疫机构出具的境外人员体格检查记录验证证明或健康检查证明书,或经中国检验检疫机构认可的境外卫生医疗机构出具的体检证明,签发时间均在6个月内	
9	申请人6个月内正面免冠照片	原件	1	近期免冠电子照片,白色背景,无边框,面部特征完整,图像清晰,无斑点、瑕疵、印墨缺陷。JPG格式,大小40K～120K字节之间,不低于354(宽)×472(高)像素,不大于420(宽)×560(高)像素、24帧色彩	不建议戴帽子或头巾等饰物,如因宗教原因不得不戴,应确保其不遮挡申请人整个面部
10	其他材料	原件	1	*1.申请材料真实性承诺书;*2.缴纳社会保险或购买商业保险相关证明材料;3.其他申请人能力说明材料	须加盖单位公章和法定代表人签字章(机关事业单位、国有企业、跨国公司、上市集团企业出具的承诺书,可只加盖公章)

备注：

1.通过计点积分达到高端人才标准的,应提供相应的最高学位(学历)证书、职业资格证明、汉语水平能力(中国汉语水平考试 HSK 证书)、来华工作年薪的收入证明以及工作资历说明等材料。

2.在涉及薪资事项申请时,应提交单位承诺书(承诺事项包括外国人的年薪、在浙年交税金额等,并加盖用人单位公章),延期和注销时决定机构可要求用人单位提供当年的完税证明。

3.工作类居留许可在有效期内的,可免体检证明和无犯罪记录证明(获得来华工作 90 日以下的工作类居留许可需提供)。

4.不符合直接办理《外国人工作许可证》情形的,但已入境的申请人,须按新办《外国人工作许可通知》程序办理。

5.属于在华工作的外国人变换用人单位的,应先行注销现有工作许可。

6.经常居住地指申请人离开国籍国最后连续居住 1 年以上的国家或地区,不包括在中国境内。

7.跨国公司在华地区总部及企业集团人员内部流动,指跨国公司在华地区总部或企业集团聘用的经理等高级管理人员和专业技术人员,在地区总部与其已向许可决定机构备案的全资或合资的分公司、子公司之间(母公司与其成员公司或者成员公司之间)的相同岗位上流动(包括改任新职务或从专业岗位提升至行政管理岗位)。注销原工作许可后,自注销之日起 30 日内提交新工作许可申请,应提交外国人来华工作许可申请表、聘用合同(派遣函)、有效居留许可、护照信息页及注销证明。岗位变动的,应补充提交相关工作资历证明。

8.任职说明适用执行政府间、国际组织间协议或协定人员、各类驻华代表处首席代表及代表及境外合同服务提供者。派遣函适用情形为跨国公司总部或地区总部从境外派遣经理等高级管理人员和专业技术人员至境内子公司或分公司任职,由跨国公司总部或地区总部出具。任职说明(包括派遣函)如缺少必要内容,需另行出具证明补充说明。跨国公司在华地区总部派遣经理等高级管理人员和专业技术人员至境内子公司或分公司任职的,提交派遣函以及与跨国公司在华地区总部签订的聘用合同。

9.A 类人员可全流程在线办理,无须提交纸质材料和原件核验,所有原件留存备查;B 类和 C 类人员需提交纸质材料并核验原件。

4.申请《外国人工作许可证》延期

用人单位在原岗位(职业)继续聘用申请人的,应当在申请人的来华工作许可有效期届满 30 日前向决定机构提出申请。

序号	提交材料清单	上传材料形式	份数	要　求	备　注
1	外国人来华工作许可延期申请表	原件	1	在线填写打印,申请人签字并加盖用人单位公章后上传至系统	

序号	提交材料清单	上传材料形式	份数	要　求	备　注
*2	聘用合同或任职说明	原件	1	应提供中外文合同,应由申请人签字并加盖单位公章,不得涂改	
*3	护照或国际旅行证件、签证或有效期内的居留许可	原件	1	护照或国际旅行证件信息页、签证页、入境签章页或有效期内的居留许可页	
4	其他材料	原件	1	*1.申请材料真实性承诺书; *2.缴纳社会保险或购买商业保险相关证明材料	需加盖单位公章和法定代表人签字章(机关事业单位、国有企业、跨国公司、上市集团企业出具的承诺书,可只加盖公章)

备注:

1.同一单位内改任新职务的,包括从专业岗位提升至行政管理岗位,延期时应提交岗位变更证明。

2.改任新岗位(职业)的,应注销现有工作许可,重新申请外国人来华工作许可。

3.A、B类人员全流程在线办理,无须提交纸质材料。C类须提交纸质材料并核验原件。

4.办理《外国人工作许可证》阶段,按照薪资事项准入的,在延期时需提交该申请人的完税证明。

5.自审批决定之日起30日内,申请人应持《外国人工作许可证》原件至所在地受理机构更新卡片信息。

5.申请《外国人工作许可证》信息变更

申请人个人信息(姓名、护照号、职务、类别)等事项发生变更的,应当自变更事项发生之日起10个工作日内向许可决定机构提出申请。

序号	提交材料清单	上传材料形式	份数	要　求
1	外国人来华工作许可变更申请表	原件	1	在线填写打印,申请人签字,加盖用人单位公章上传至系统

序号	提交材料清单	上传材料形式	份数	要　求
＊2	申请变更事项的证明文件	原件	1	1. 变更护照号（或国际旅行证件号），应提供新护照（或国际旅行证件）信息页 2. 同一单位内改任新职务的，包括从专业岗位提升至行政管理岗位，应提供变更申请函（说明变更原因、新任职务等，并加盖用人单位公章）及相应的证明材料，国家法律法规另有规定的从其规定 3. 改任新岗位（职业）的，应注销现有工作许可，重新申请外国人来华工作许可

6. 申请《外国人工作许可证》补办

补办《外国人工作许可证》的，申请人应当自证件遗失之日或发现遗失之日起在外国人来华工作管理服务系统上登载声明，并向许可决定机构申请补办。证件损毁的，申请补办时须携带原证。

序号	提交材料清单	上传材料形式	份数	要　求	备　注
1	外国人来华工作许可补办申请表	原件	1	在线填写打印，申请人签字，加盖用人单位公章上传至系统	
＊2	申请人遗失或毁损情况说明	原件	1		非中文证明材料应加盖用人单位公章

7. 申请外国人来华工作许可注销

外国人来华工作许可有效期届满未延续的，自动注销；依法被撤销、撤回的，以及许可证件依法被吊销的，由决定机构注销。申请人死亡或者丧失行为能力或者提前终止合同、解除聘用关系的，用人单位应当于事项发生之日起10个工作日内向决定机构申请注销。用人单位被终止的，申请人可以向决定机构申请注销工作许可。

序号	提交材料清单	上传材料形式	份数	要　　求
1	外国人来华工作许可注销申请表	原件	1	在线填写打印,申请人签字(可复印或传真件),加盖用人单位公章上传至系统
*2	聘用关系解除、合同终止或其他与注销原因相关的证明材料	原件	1	1.聘用关系解除、合同终止须双方签字; 2.申请人自行离职、用人单位无法联系到申请人的,用人单位应补充提交注销情况说明; 3.用人单位依法被终止的,申请人提交《外国人来华工作许可注销申请表》可不加盖单位公章,但须提供用人单位依法终止,无法申请注销许可的相关证明材料、本人关于注销许可的情况说明以及《外国人工作许可证》

备注:
1.外国人来华工作许可已注销的,经申请可由决定机构出具许可注销证明。
2.A、B类人员全流程在线办理,C类需提交纸质材料并核验原件。
3.办理《外国人工作许可证》阶段,按照薪资事项准入的,在注销时需提交该申请人的完税证明。如无法提供,将列入异常信息名录。

(二)申请外国人来华工作许可(来华工作 90 日以下,含 90 日)

序号	提交材料清单	上传材料形式	份数	要　　求	备　　注
1	外国人来华工作许可申请表	原件、复印件	1	在线填写打印,申请人签字(复印或传真)后,加盖用人单位公章,再上传至系统	
*2	工作合同、项目合同、合作协议或邀请单位邀请说明	原件	1	包括申请人姓名、国籍、工作地点、工作期限、工作内容,并列明所有工作地点和入境次数	1.用人单位应注明聘用外国人的费用安排并对被聘用外国人在华费用支付等进行担保; 2.对邀请行为的真实性做出承诺
*3	申请人护照或国际旅行证件	原件	1	护照或国际旅行证件信息页	

序号	提交材料清单	上传材料形式	份数	要　　求	备　注
*4	无犯罪记录证明	原件	1	应当由申请人国籍国或经常居住地警察、安全、法院等部门出具并经我驻外使、领馆认证或外国驻华使、领馆认证；在港澳特别行政区和台湾地区出具的无犯罪记录证明，应经所在地区公证机关公证。无犯罪记录签发时间应在 6 个月内	

备注：

1.符合《外国人入境完成短期工作许可任务的相关办理程序（试行）的通知》（人社部发〔2014〕78 号）相关规定的，可申请外国人来华工作许可（来华工作 90 日以下，含 90 日）。

2.申请《外国人工作许可通知》（来华工作 90 日以下，含 90 日）的，允许在多个用人单位工作，申请时应填写全部工作地点。

3.应按予批准的工作期限工作，不得延期。

4.持 Z 字签证，停留期不超过 30 日的，不办理工作类居留证件，停留期超过 30 日的（含 30 日），须办理工作类居留证件。

5.我国法律法规规定应由行业主管部门前置审批或具备我国相应准入类职业资格的，还应提供行业主管部门批准文书或职业资格证明。

6.该事项全流程在线办理，无须提交纸质材料，所有纸质材料留存备查。

（三）申请外国专家来华邀请函（来华工作 90 日以下，含 90 日）

序号	提交材料清单	上传材料形式	份数	要　　求	备　注
1	外国专家来华邀请函申请表	原件、复印件	1	在线填写打印，申请人签字（可复印或传真）后，加盖用人单位公章，再上传至系统	申请人承诺本人无犯罪记录
*2	工作合同、项目合同、合作协议或邀请单位邀请说明	原件	1	包括申请人姓名、国籍、工作地点、工作期限、工作内容，并列明所有工作地点和入境次数	应注明邀请外国人的费用安排，并对被邀请外国人在华费用支付等进行担保
*3	申请人护照或国际旅行证件	原件	1	护照或国际旅行证件信息页	

序号	提交材料清单	上传材料形式	份数	要　求	备　注
4	其他	原件	1	应提交符合外国高端人才(A类)的证明材料,并对材料真实性做出承诺	

备注:
1.符合外国高端人才(A类)或符合《关于进一步完善外国专家短期来华相关办理程序的通知》(外专发〔2015〕176号)文件规定的,可申请外国专家来华邀请函,随行人员均应填写申请表。
2.应按准予批准的工作期限工作,不得延期。
3.持外国专家来华邀请函申请F字签证,入境后无须办理工作类居留证件。
4.我国法律法规规定应由行业主管部门前置审批或具备我国相应准入类职业资格的,还应提供行业主管部门批准文书或职业资格证明。
5.该事项全流程在线办理,无须提交纸质材料,所有纸质材料留存备查。

(四)申请外国高端人才确认函

序号	提交材料清单	上传材料形式	份数	要　求	备　注
1	外国高端人才确认函申请表	原件、复印件	1	在线填写打印,申请人签字(可复印或传真)后,加盖用人单位公章,再上传至系统	申请人承诺本人无犯罪记录
*2	国内单位邀请函件	原件	1	应写明申请人姓名、国籍、护照号、拟入境日期、入境事由等内容,须用人单位主要负责人签字并单位盖章	用人单位应对邀请行为的真实性做出承诺
*3	申请人护照或国际旅行证件	原件	1	护照或国际旅行证件信息页	护照有效期不得少于6个月
*4	高端人才认定的证明材料	原件	1	应提交符合外国高端人才(A类)的证明材料,并对材料真实性做出承诺	
5	申请人6个月内正面免冠照片	原件	1	近期免冠电子照片,白色背景,无边框,面部特征完整,图像清晰,无斑点、瑕疵、印墨缺陷	不建议戴帽子或头巾等饰物,如因宗教原因不得不戴,应确保其不遮挡申请人整个面部

备注:该事项全流程在线办理,无须提交纸质材料,所有纸质材料留存备查。

十一、申请材料接收

(一)线上提交网址

1. 国家外国专家局网站"外国人来华工作管理服务系统"的网址:http://www.safea.gov.cn(或 http://fwp.safea.gov.cn)。

2. 浙江政务服务网:http://www.zjzwfw.gov.cn/部门窗口/省科技厅/事项分类/行政许可。

(二)书面材料接收

浙江省各级外国人来华工作许可业务受理窗口(详见附件)。

十二、办理基本流程及时限

(一)申请外国人来华工作许可(来华工作 90 日以上,不含 90 日)

1. 网上申请。用人单位登录系统,在线提交申请信息,并提供相关电子材料。委托专门服务机构办理的,服务机构需在线注册,并提交用人单位委托书、经办人身份证明等。

2. 预审和受理。决定机构应当自材料提交之日起 5 个工作日(材料提交当日不计算在期间内)内对网上提交的材料进行预审。材料不齐全、内容不规范的,决定机构应当一次性在线告知须补正材料;申请材料齐全、内容规范、符合要求的,在线予以受理或预约现场提交材料;不属于本行政机关职权范围的,受理机构要说明不予受理的理由和依据,由受理机构出具加盖行政许可专用印章的不予受理通知书。

3. 审查。正式受理后,决定机构应当在 10 个工作日内审查。审查通过后,在线生成《外国人工作许可通知》。申请人应持《外国人工作许可通知》等材料,前往我驻外使领馆办理签证。

4.决定。申请人在入境后 15 日内提出申领《外国人工作许可证》,在线或当场提交材料核验。决定机构应当在 10 个工作日内做出决定,特殊情况可延长 10 个工作日。符合条件的,决定机构做出准予行政许可决定,颁发《外国人工作许可证》;不符合条件的,做出不予许可书面决定,说明理由,并及时告知申请人或用人单位。

5.境内申请外国人来华工作许可,符合条件的,决定机构做出准予行政许可决定,不再在线生成《外国人工作许可通知》。

(二)申请外国人工作许可证延期、变更、补办和注销

1.网上申请。用人单位登录系统,在线提交申请信息,并提供相关电子材料。委托专门服务机构办理的,服务机构须在线注册,并提交用人单位委托书、经办人身份证明等。

2.预审和受理。决定机构应当自材料提交之日起 5 个工作日(材料提交当日不计算在期间内)内对网上提交的材料进行预审。材料不齐全、内容不规范的,决定机构应当一次性在线告知须补正材料;申请材料齐全、内容规范、符合要求的,在线予以受理或预约现场提交材料;不属于本行政机关职权范围的,受理机构要说明不予受理的理由和依据,由受理机构出具加盖行政许可专用印章的不予受理通知书。

3.审查和决定。正式受理后,决定机构应当自受理之日起 10 个工作日内进行审查并做出决定。符合条件的,决定机构做出准予行政许可决定;不符合条件、标准的,做出不予许可书面决定,说明理由,并及时告知申请人或用人单位。

4.申请外国人工作许可变更、补办的,受理决定和批准决定采用电子回执单,申请人不须提供纸质材料核验。

(三)申请外国人来华工作许可(来华工作 90 日以下,含 90 日)

1.网上申请。用人单位登录系统,在线提交申请信息,并提供相关电子材料。委托专门服务机构办理的,服务机构需在线注册,并提交用人单位委托书、经办人身份证明等。

2.网上预审和受理。决定机构应当自材料提交之日起 5 个工作日（材料提交当日不计算在期间内）内对网上提交的材料进行预审和受理。材料不齐全、内容不规范的，决定机构应当一次性在线告知须补正材料，并出具一次性告知书，补正后予以受理；材料齐全、符合要求的，应当予以受理，并在线生成受理通知。

3.审查和决定。网上受理后，决定机构应当自受理之日起 5 个工作日内进行审查并做出决定。符合条件、标准的，做出准予行政许可决定，在线生成《外国人工作许可通知》（来华工作 90 日以下，含 90 日），不再核验纸质材料；不符合条件、标准的，做出不予许可书面决定，说明理由，并及时告知申请人或用人单位。

（四）申请外国专家来华邀请函

1.网上申请。用人单位登录系统，在线提交申请信息，并提供相关电子材料。委托专门服务机构办理的，服务机构须在线注册，并提交用人单位委托书、经办人身份证明等。

2.网上预审和受理。决定机构应当自材料提交之日起 5 个工作日（材料提交当日不计算在期间内）内对网上提交的材料进行预审和受理。材料不齐全、内容不规范的，决定机构应当一次性在线告知须补正材料，并出具一次性告知书，补正后予以受理；材料齐全、符合要求的，应当予以受理，并在线生成受理通知。

3.审查和决定。网上受理后，决定机构应当自受理之日起 5 个工作日内进行审查并做出决定。符合条件的，准予签发纸质《外国专家来华邀请函》，不再核验纸质材料。不符合条件、标准的，做出不予许可书面决定，说明理由，并及时告知申请人或用人单位。

（五）申请外国高端人才确认函

1.网上申请。用人单位登录系统，在线提交申请信息，并提供相关电子材料。委托专门服务机构办理的，服务机构需在线注册，并提交用人单位委托书、经办人身份证明等。

2.网上受理。决定机构应当自材料提交之日起1个工作日(材料提交当日不计算在期间内)内对网上提交的材料进行受理。材料不齐全、内容不规范的,决定机构应当一次性在线告知须补正材料,补正后予以受理;材料齐全、符合要求的,应当予以受理。

3.审查与决定。省外国专家局在5个工作日内进行审查并做出决定,对符合外国高端人才标准条件的,在线发放《外国高端人才确认函》,不再核验纸质材料。

十三、办理进程和结果公开查询

自网上提交申请之日起用人单位可以登录系统,实时查询办理状态和查询审批结果。行政许可审批结果将自做出行政决定之日起7个工作日内在"外国人来华工作管理服务系统"公开,同时相关政务公开信息和相关市场主体违法违规信息将在"信用中国"网站公开。

十四、结果送达

决定机构做出许可决定后,应当通过"外国人来华工作管理服务系统"公告方式通知用人单位。

(一)申请外国人来华工作许可(来华工作90日以上,不含90日),决定机构审批通过,向申请人发放《外国人工作许可证》。申请人或用人单位可申请邮寄或自行至受理机构领取;

(二)申请外国人来华工作许可(来华工作90日以下,含90日),决定机构审批通过,在线生成《外国人工作许可通知》,申请人和用人单位可自行在线打印;

(三)申请外国专家来华邀请函,决定机构审批通过,应向申请人发放纸质《外国专家来华邀请函》,申请人或用人单位可申请邮寄或自行至受理机构领取;

(四)申请外国高端人才确认函的,决定机构审批通过,在线发放《外国高端人才确认函》，申请人或用人单位自行在线打印审批结果。

申请结果未批准的，用人单位可领取不予许可书面决定。

十五、收费依据及标准

不收取费用。

十六、行政相对人权利和义务

（一）依据《中华人民共和国行政许可法》，申请人或用人单位依法享有以下权利：

1. 了解申请的办理进展；

2. 知晓申请未被受理或批准的原因；

3. 对行政机关实施行政许可享有陈述和申辩权；

4. 对审批结果申请行政复议或提起行政诉讼。

（二）依据相关法律，申请人、用人单位以及出具证明材料的单位或者个人依法履行以下义务：

1. 保证提交的申请材料完备、真实、有效；

2. 配合许可决定机关面谈、电话询问、实地调查等，以核实申请材料真实性；

3. 若取得许可，应在许可范围内工作；

4. 依法取得的外国人来华工作许可，不得转让；

5. 建立健全单位内部外籍人员管理制度，制订突发事件应急响应预案。

十七、信用管理制度

用人单位在"外国人来华工作管理服务系统"提交的申请，须确保信息真实、准确和有效；按照"谁聘请、谁负责"的原则，承担主体责任。对来华工作外国人、用人单位及办事服务机构实行信用分类管理，建立异常管理名录。对相关用人主体单位和外国人有违法违规事实时,将列入外国人来华工作管理服务系统中的"异常信息名录"。情节严重的,将按程序注销外国人工作许可证,并通报相关部门。对存在违法违规的用人单位和外国人信息,将统一纳入"浙江省公共信用信息管理平台"系统中。

十八、其他注意事项

(一)办理签证手续

外国人来华工作许可不能作为签证或代替签证,外国人应当按照规定提交《外国人工作许可通知》等材料,到我驻外签证机关申请办理签证。

(二)办理居留手续

外国人应当自入境之日起 30 日内,提交《外国人工作许可证》等材料到居留地县级以上地方人民政府公安机关出入境管理机构办理相关手续。

附件 略

浙江省外国专家局　　　　　　　　2019 年 7 月 16 日印发

注:以上服务指南如有更新请及时关注杭州市科学技术局网站,http://kj.hangzhou.gov.cn/art/2019/7/23/art_1693961_39191507.html。

公司登记(备案)申请书

□基本信息(必填项)

名　　称	_____ (集团母公司需填写:集团名称:　　　　　集团简称:　　　　)
统一社会信用代码 (设立登记不填写)	
住　　所	_____省(市/自治区)_____市(地区/盟/自治州)_____县(自治县/ 旗/自治旗/市/区)_____乡(民族乡/镇/街道)_____村 (路/社区)_____号
联系电话		邮政编码	

□设立(仅限设立登记填写)

法定代表人 姓　　名		公司类型	□有限责任公司 □股份有限公司 □外资有限责任公司 □外资股份有限公司
注册资本	_____万元　　　(币种:□人民币　　□其他_____)		

设立方式 （股份公司填写）	□发起设立 □募集设立	营业期限/ 经营期限	□长期	□_____年
投资总额 （外资公司填写）	_____万元(币种:_____)		折美元:_____万元	
申领执照	□申领纸质执照 其中:副本____个(电子执照系统自动生成,纸质执照自行勾选)			
经营范围 （根据《国民经济行业分类》、有关规定和公司章程填写）	(申请人须根据企业自身情况填写《企业登记政府部门共享信息表》相关内容。)			

注:1.本申请书适用于内资、外资公司申请设立、变更、备案。
2.申请书应当使用 A4 纸。依本表打印生成的,使用黑色墨水钢笔或签字笔签署;手工填写的,使用黑色墨水钢笔或签字笔工整填写、签署。

□变更(仅限变更登记填写,只填写与本次申请有关的事项)

变更事项	原登记内容	变更后登记内容

注:变更事项包括名称、住所、法定代表人(姓名)、注册资本、公司类型、经营范围、营业期限/经营期限、有限责任公司股东(股东姓名或者名称)、股份有限公司发起人的姓名或者名称。
申请公司名称变更,在名称中增加"集团或(集团)"字样的,应当填写集团名称、集团简称(无集团简称的可不填)

续　表

□备案(仅限备案登记填写)

事　项	□董事　　□监事　　□经理　　□章程　　□章程修正案 □联络员　　　　　　　　　　□外国投资者法律文件送达接受人	
清算组 (清算委员会)	成　　员	
	负 责 人	联系电话

□指定代表/委托代理人(必填项)

委托权限	1.同意□不同意□核对登记材料中的复印件并签署核对意见; 2.同意□不同意□修改企业自备文件的错误; 3.同意□不同意□修改有关表格的填写错误; 4.同意□不同意□领取营业执照和有关文书。		
固定电话		移动电话	指定代表/委托 代理人签字

(指定代表或者委托代理人身份证件复、影印件粘贴处)

全体股东签字或盖章(仅限内资、外资有限责任公司设立登记):
董事会成员签字(仅限内资、外资股份有限公司设立登记):

□申请人承诺(必填项)

　　本申请人和签字人承诺提交的材料文件和填报的信息真实有效,并承担相应的法律责任。

法定代表人签字(限设立、变更及清算组备案以外的备案):
清算组负责人签字(限清算组备案):

公司盖章
年　　月　　日

附表 1

法定代表人信息

本表适用于设立及变更法定代表人填写。

姓　　名		国别（地区）	
职　　务	□董事长 □执行董事 □经理	产生方式	
身份证件类型		身份证件号码	
固定电话		移动电话	
住　　所		电子邮箱	

（身份证件复、影印件粘贴处）

拟任法定代表人签字：

年　　月　　日

附表 2

董事、监事、经理信息

(担任法定代表人的董事长、执行董事、经理不重复填写)

姓名＿＿＿＿＿＿　　国别(地区)＿＿＿＿＿＿　　身份证件类型＿＿＿＿＿＿

身份证件号码＿＿＿＿＿＿＿＿＿　　职务＿＿＿＿＿＿　　产生方式＿＿＿＿＿＿

(身份证件复、影印件粘贴处)

注:1."职务"指董事长(执行董事)、董事、经理、监事会主席、监事。上市股份有限公司设置独立董事的应在"职务"栏内注明。

2."产生方式"按照章程规定填写,董事、监事一般应为"选举"或"委派";经理一般应为"聘任"。中外合资(合作)企业应当明确上述人员的委派方。

姓名＿＿＿＿＿＿　　国别(地区)＿＿＿＿＿＿　　身份证件类型＿＿＿＿＿＿

身份证件号码＿＿＿＿＿＿＿＿＿　　职务＿＿＿＿＿＿　　产生方式＿＿＿＿＿＿

(身份证件复、影印件粘贴处)

备注事项同上

姓名＿＿＿＿＿＿　　国别(地区)＿＿＿＿＿＿　　身份证件类型＿＿＿＿＿＿

身份证件号码＿＿＿＿＿＿＿＿＿　　职务＿＿＿＿＿＿　　产生方式＿＿＿＿＿＿

(身份证件复、影印件粘贴处)

备注事项同上

注:以上申请书仅供参考,最新版本请关注浙江人民政府网站,https://www.zj.gov.cn/。

义乌市高校毕业生创业扶持相关政策

项目	补贴额度
创业补贴	一次性补贴 2 万元(创办养老、残疾人、家政服务和现代农业企业补贴标准为第一年 5 万元、第二年 3 万元、第三年 2 万元)
创业带动就业补贴	带动 3 人就业,补贴 2000 元,每增加 1 人再给予 1000 元补贴,每年总额不超过 2 万元,补贴期限不超过 3 年
高校毕业生优秀创业者能力提升培训	1 万元/人
优秀创业项目补贴	省级 10 万元、国家级 20 万元
创业担保贷款	在校大学生、毕业 5 年以内的高校毕业生可申请不超过 50 万元的创业担保贷款,并给予全额贴息,贷款期限不超过 3 年,贷款利率不超过 LPR+50BP
创业培训补贴	1500 元/人(互联网＋创业培训 1800 元/人)

咨询电话:0579-85435264
注:以上补贴可通过"浙里办 APP"中的"义乌 i 人才"服务平台申请办理

注:以上政策为 2023 年义乌市高校毕业生创业补贴政策,仅供参考,最新政策请及时关注"浙里办"APP 或浙江政务服务网。

参考文献

[1] 柏京京.高职院校来华留学生创新创业教育探析[J].就业与保障,2021
(16):82-83.

[2] 杰弗里·蒂蒙斯,小斯蒂芬·斯皮内利.创业学[M].北京:人民邮电出版
社,2018.

[3] 李志能,郁义鸿,等.创业学[M].上海:复旦大学出版社,2000.

[4] 刘永安,李刚.国际教育视角下我国高校来华留学生创新创业教育与实践
[J].区域治理,2019(50):124-126.

[5] 陆蔚,罗加详.高校来华留学生创新创业教育探析[J].就业与保障,2023
(12):130-132.

[6] 娄秋吟,李见,等.基于OBE理念的来华留学生创新创业能力培养模式构建
[J].科技与创新.2023(14):143-148.

[7] 王非,薛君君.关于来华留学生创新创业课程实践的思考[J].现代商贸工
业.2023,44(11):41-43.

[8] 王秋杰,李振兴,等.地方院校国外留学生创新创业教育研究:以三峡大学为
例[J].科教导刊.2023(22):17-19.

[9] 吴雷.国际创客创业投资法律手册[M].北京:中国原子能出版社,2021:
130-132.

[10] 夏芳芳.浙商文化融入高职院校双创人才培养的价值与路径研究[J].文化
创新比较研究,2021,5(33):96-99.

[11] 夏芳芳.地方院校国际学生创业的意愿与影响因素研究[J].教育现代化,
2022(05):105-108.

［12］夏芳芳.地方院校国际学生创新创业教育的现状及优化路径研究［J］.智库时代,2022(03):101-104.

［13］谢冰蕾,吴琳华.来华留学生创业教育的逻辑理路和实践进路［J］.中国高等教育,2021(增刊2):47-49.

［14］许青,卢丽影.创新创业文化在留学生群体中的传播研究:以温州大学城为例［J］.江苏科技信息,2019,36(6):63-67.

［15］约瑟夫·熊彼特.经济发展理论［M］.上海:立信会计出版社,2019.

［16］张静.来华留学生趋同化管理的现实意义与推进策略［J］.中国高等教育,2020(23):55-56.

［17］朱延宁.国际学生在华创业的路径与策略初探［J］.当代教育实践与教学研究,2019(10):143-144.